幼儿保育专业系列教材

舞蹈基础与应用

WUDAO JICHU YU YINGYONG

主编 潘春 柳杨

复旦大学出版社

内容简介

本书为幼儿保育专业系列教材，是一本融合型、新形态教材。

教材以模块和任务为导向，旨在通过职业化的情景，将课程内容渗透到教学中。全书分为舞蹈基础、应用与拓展两大版块。舞蹈基础版块包括舞蹈基本知识、基础训练、民族民间舞，应用与拓展版块包括幼儿舞蹈创编、幼儿韵律活动的组织与应用、岗位实践。

本书图文结合，案例丰富，并配有舞蹈训练视频、教学设计方案、课件等资源。读者可扫描书中二维码观看，也可登录复旦学前云平台（www.fudanxueqian.com）免费下载。

本书适用于幼儿保育专业、学前教育专业，幼儿园教师、保教人员也可参考使用。

复旦学前云平台
使用说明

为提高教学服务水平，促进课程立体化建设，复旦大学出版社学前教育分社建设了"复旦学前云平台"，以为师生提供丰富的课程配套资源，可通过"电脑端"和"手机端"查看、获取。

 【电脑端】

电脑端资源包括 PPT 课件、电子教案、习题答案、课程大纲、音频、视频等内容。可登录"复旦学前云平台"www.fudanxueqian.com 浏览、下载。

Step 1 登录网站"复旦学前云平台"www.fudanxueqian.com，点击右上角"登录/注册"，使用手机号注册。

Step 2 在"搜索"栏输入相关书名，找到该书，点击进入。

Step 3 点击【配套资源】中的"下载"（首次使用需输入教师信息），即可下载。音频、视频内容可通过搜索该书【视听包】在线浏览。

【手机端】

PPT课件、音视频、阅读材料：用微信扫描书中二维码即可浏览。

扫码浏览

【更多相关资源】

更多资源，如专家文章、活动设计案例、绘本阅读、环境创设、图书信息等，可关注"幼师宝"微信公众号，搜索、查阅。

平台技术支持热线：029-68518879。

"幼师宝"微信公众号

【本书配套资源说明】

1. 刮开书后封底二维码的遮盖涂层。

2. 使用手机微信扫描二维码，根据提示注册登录后，完成本书配套在线资源激活。

3. 本书配套的资源可以在手机端使用，也可以在电脑端用刮码激活时绑定的手机号登录使用。

4. 如您的身份是教师，需要对学生使用本书的配套资料情况进行后台数据查看、监督学生学习情况，我们提供配套教师端服务，有需要的老师请登录复旦学前云平台官方网址：www.fudanxueqian.com，进入"教师监控端申请入口"提交相关资料后申请开通。

舞蹈基础与应用

主　编

潘　春　柳　杨

参　编

李美慧　李作绯　张学文　廖鸿妍　郭凤莲

影像摄制

曾莹莹　麦琦琳　林晓涛　林明业　赖　林

叶倩茵　何静文　张彩云　陈世攀　李军民

影像示范

尹素雯　赵亚楠　郑晓童　邓小可　黄少楣

杨　幸　蒋雅琴　赖钰婷　王佩利　陈依婷

钟春怡　韩婷婷　梁彩连　方　凡　黄东娴

黄嘉慧　高大花　林冬仪

"百年大计，教育为本；教育大计，教师为本。"为更好发展学前教育，完善教师培养体系，国家教育部根据《中共中央 国务院关于全面深化新时代教师队伍建设改革的意见》及《中共中央 国务院关于学前教育深化改革规范发展的若干意见》《中华人民共和国教师法》等文件相关规定，逐步将幼儿园教师学历提升至专科及本科。此外，教育部印发了《职业教育专业目录（2021年）》，终止了学前教育专业，而增设幼儿保育专业，规定中等职业学校相关专业重点培养保教工作人员。由此，幼儿保育成为中等职业学校的新设专业，也成为幼儿教师培养体系中的重要起点。

教材是人才培养的有力基石，也是办好新设专业的核心要素。因此，根据教育部颁发的一系列意见及 2022 年 2 月教育部印发的《幼儿园保育教育质量评估指南》等指导要求，我们编写了幼儿保育专业教材《舞蹈基础与应用》。教材的"新"主要突出在以下四个方面。

一、理念创新

编写视角：始终以"为幼儿成长服务、为学生终身发展服务、培养创新型人才"为视角，重新审视舞蹈在幼儿园工作中的真实形态，努力发掘舞蹈教育新价值、人才培养新模式。

编写主旨：坚定树立"以幼儿成长为本、以幼儿保育人才发展为本"的教育教学理念，为幼儿园保教工作服务，实现整体育人、全面育人的幼儿教育理想。

编写原则：体系完整、全面，操作灵活、实用。

二、结构创新

结构分为两个板块。舞蹈基础板块：学科拔高，建立较好的学科素质基础，为创新发展打下坚实基础；创新与实践板块：专业落地，回归幼儿保教岗位，实现精准定位、能力落地。以项目模块、任务导向为切入点，从学习任务向工作任务模式推进。

三、目标创新

建立——建立舞蹈学科基本概念与价值观；

形成——形成舞蹈学科基本身体技能与观察视角；

突破——打破舞蹈固有学科模式，拓宽幼儿舞蹈教学边界；

超越——超越舞蹈狭隘的学科教育意义，使舞蹈真正融入幼儿教育工作的方方面面，最终实现舞蹈教育和幼儿教育价值的最大化，走向教育双赢。

四、内容与模式创新

（一）呈现精细化

每个模块前设置了"模块导读""学习目标""内容结构""课程思政"及"案例导入"，方便师生理解、感受学习情景，掌握学习目标。每个模块后设置了模块小结和思考练习，并首次引入多维评价，从教师、小组、自我、幼儿园带班老师或实习指导老师及网络互动等多个维度，评价学生学习的过程、态度、合作、成效等多种技能与非技能性成长，以评促学，引导学生自主把握学习要领，提升学习能力。

（二）资源立体化

教材广泛应用数字化、可视化技术，全面展现教学所需资源。有配套组合音乐与示范，有单一动作细化示范，有融合知识点的微课教学，有幼儿园课堂实践案例，还有学习测评、考证辅导，等等。大量立体化资源以多维度、多层次形式为丰富教学手段提供了基础保障，并配以评价表格及易错点指导等，可以有效支持现代化教与学，更可以降低学生学习成本，提升教学效益。

（三）结构块面化

舞蹈基础板块：为体现新专业特点及现代教学特点，我们在传统中努力寻找突破，主要表现在以下三个方面。

第一，传统与现代融合。在选材上，体现历史与时代、舞蹈学科与幼儿保育专业的融合；在音乐的选择上，选取既有民族传统音乐特点，又有浓厚的时代气息，为学生和广大听众所喜爱的乐曲及经典悦耳的儿童歌曲。同时，针对各地区学校不同教学层次的需要，每种民族民间舞蹈均由两个及以上难易层级组成。

第二，艺术与文化融合。在基础知识部分，增加了对舞蹈起源与发展的简要介绍，引导学生逐步建立了解舞蹈需追本溯源的意识。在民族民间舞蹈教学板块中，更加突出民族艺术的文化背景，将各民族历史文化、风俗民情等内容进行提炼，并简要介绍，促使学生在舞蹈学习中更加理解其蕴含的文化意义，为将来的幼儿保教工作打下较好的人文基础。同时，民族民间舞蹈部分除五个必学舞种，还新增了拓展内容，可供不同地域、不同民族师生选学。

第三，信息化技术的融合。充分运用现代信息技术，将传统教学内容中的学习目标、学习重难点、易错点进行针对性剖析，同时给予训练提示，部分内容还进行了可视化呈现，使教师易"教"、学生易"学"。此外，大量运用自主学习、翻转课堂等现代教学方法构建教学新生态。

创新与实践板块：为解决幼儿保育专业舞蹈课程与幼儿园舞蹈教育长期不对应以及岗位定位不清晰的问题，我们将重点突出以下六个方面的工作。

第一，理引领、实证行。为确保理实一体，加强产教融合（园校结合），保证岗位定位精准、能力适用，将幼儿园一线优秀教育人才引入教材编写团队，进行关键性内容的突破。

第二，呈实情、重实践。首次在舞蹈教材中全貌式呈现了舞蹈在幼儿园整体工作中的基本形态与工作实情，又将幼儿园舞蹈教育形式进行重新梳理、整合，最终实现教材内容可实施、可操作、可应用、可推广。

第三，纠误解、立岗位。尽力扭转长期以来人们对幼儿园普及教育与艺术特长教育概念的混淆，将舞蹈教育与幼儿发展结合起来，明确职业定位——幼儿保教工作者，而非艺术专业人才培养。

第四，重活用、显能力。幼儿园舞蹈教学最重要的是"用"，本教材突出将舞蹈技能（表演、创编、教学等）落地，通过"用"将舞蹈教育全方位落实到幼儿园教育教学的细微处与特色处，发展"会学会用""活学活用""敢想擅用"的创新能力。

第五，增特例、精专业。首次增加"韵律化感统训练"，针对性地帮扶在调节神经系统发育、感觉运动系统、心理成长有困难的特殊幼儿，精深化提升保育工作专业度。

第六，学为导、见成长。任务拓展与岗位实践通过任务驱动、项目教学、情景学习、见习实习等形式，以"学"为导向将学习的主动权交给学生，以学生"学"的主观能动性、"学"的过程成长性、"学"的成效发展性为主要目标，促使学生学会学习，最终成长为一个具有长期学习能力的人，一个具有良好职业素养与具备基本岗位能力的保育专业人才。

本教材由广东省东莞市商业学校舞蹈高级讲师潘春、广东省佛山市顺德区胡锦超职业技术学校音乐高级讲师柳杨老师主编。其中模块一由柳杨编写，模块二由李美慧（广东省湛江艺术学校）编写，模块三由李作绯（广东省农工商职业技术学校）、张学文（广东省开平市吴汉良理工学校）共同编写，模块四由柳杨、廖鸿妍（广东省东莞市商业学校）共同编写，模块五由廖鸿妍、郭凤莲（广东省东莞市沙田中心幼儿园园长）共同编写，模块六由潘春编写。编写过程中还得到复旦大学出版社、广东省幼儿教育专家们的大力支持，谨在此一并致谢！

作为新型专业的一门学科，编写组也是在不断思考、探索、实践过程中进行的教材编写，难免有疏漏之处，恳请广大师生不吝指正！

编　者
2022年6月

目录

上篇 舞蹈基础

模块一 舞蹈基本知识　2

任务一　了解舞蹈的定义、起源与发展　3

任务二　了解舞蹈的特性、功能与种类　6

任务三　了解幼儿舞蹈的特点、功能与分类　9

　　习题：学习测评　12

模块二 舞蹈基础训练　13

任务一　舞蹈基础入门　15
- 示范：基本手位　17
- 讲解小视频：基本站姿　23

任务二　地面基础训练　24
- 示范：勾绷脚组合　25
- 微课：节拍与口令　26
- 示范：手眼组合　26
- 示范：吸伸腿组合　32
- 示范：地面踢腿组合　33

任务三　把杆基础训练　34
- 微课：小踢腿　39

任务四　把下基础训练　40
- 微课：踏步翻身　43

任务五　综合基础训练　43
- 示范：元素组合　45
- 示范：综合组合《一休》　49

1

模块三　民族民间舞　51

任务一　学习藏族民间舞　53

- 示范：退踏步　56
- 示范：第一基本步　56
- 示范：第二基本步　56
- 示范：抬踏步　56
- 音乐：《金色的太阳》　57
- 示范：踢踏舞组合《金色的太阳》　57
- 示范：单靠　58
- 示范：三步一靠　58
- 示范：三步一撩　58
- 音乐：《扎西德勒》　59
- 示范：弦子表演《扎西德勒》　59

任务二　学习汉族民间舞——云南花灯　60

- 示范：小崴　63
- 示范：十字步　63
- 示范：捻扇　63
- 音乐：《云南花灯音乐1》　64
- 示范：小崴组合　64
- 示范：正崴　65
- 示范：正崴柔踩步　65
- 示范：正崴捻扇　65
- 音乐：《云南花灯音乐2》　66
- 示范：正崴组合　66

任务三　学习傣族民间舞　67

- 示范：正步跪蹲起伏动律　73
- 示范：横摆动律　73
- 音乐：《傣族姑娘》　74
- 示范：起伏动律与舞姿训练　74
- 示范：起伏步　75
- 示范：前点起伏步　75
- 示范：旁点起伏步　75
- 示范：平步　75
- 音乐：《彩云之南》　76
- 示范：傣族步伐、手位综合训练组合　76

任务四　学习蒙古族民间舞　77

- 音乐：《我是草原小牧民》　82
- 示范：蒙古族基本体态、脚位、手位训练组合　82
- 示范：点踏步　82
- 示范：垫步　83
- 示范：硬肩　83
- 示范：双硬肩　83
- 示范：耸肩　83
- 示范：硬腕　83

	🎵 音乐：《我从草原走来》	84
	🎵 示范：蒙古族肩、硬腕训练	84

	🎵 音乐：维吾尔族音乐	91
	🎵 示范：步伐、体态、手位训练组合	91
	🎵 示范：横垫步	91
	🎵 示范：摊手绕腕	92
	🎵 示范：点颤动律	92
任务五　学习维吾尔族民间舞　86	🎵 示范：后退三步一抬	92
	🎵 示范：横移三步一抬	92
	🎵 示范：移颈	92
	🎵 示范：摇身点颤动律	92
	🎵 音乐：《达阪城的姑娘》	94
	🎵 示范：维吾尔族综合训练组合	94

拓展任务一　学习汉族民间舞——东北秧歌　95	🎵 示范：东北秧歌	98

拓展任务二　学习苗族民间舞　99	🎵 示范：苗族民间舞	100

103　下篇　创新与实践

模块四　幼儿舞蹈创编　104

	🎵 示范：小班基本舞步	109
	🎵 示范：中班基本舞步	109
	🎵 示范：大班基本舞步	110
任务一　掌握幼儿表演性舞蹈的创编　105	🎵 音乐：《玩具兵进行曲》	110
	🎵 示范：幼儿舞步组合（走步）	110
	🎵 音乐：《拍皮球》	111
	🎵 示范：幼儿舞步组合（跑跳步）	111

	🎵 示范：亲子律动《拍手摆头》	115
	🎵 微课：幼儿歌表演及创编	115
任务二　掌握自娱性幼儿舞蹈的创编　113	🎵 示范：歌表演《粉刷匠》（演唱：房洛瑶）	117
	🎵 微课：幼儿集体舞及创编	117
	🎵 示范：圆圈集体舞《田纳西摇摆舞》	119
	🎵 微课：幼儿音乐游戏及创编	120
	🎵 示范：音乐游戏"库乞乞"	121

模块五　幼儿韵律活动的组织与应用　124

任务一　掌握主体性韵律活动的组织与应用　125

- 案例：主体性韵律活动　125
- 案例：大象郊游奇遇记　132

任务二　掌握辅助性韵律活动的组织与应用　130

- 案例：我的家乡在东莞　134
- 案例：韵律踏板　135
- 案例：舞动的虎门港　136
- 案例：我爱刷牙　139
- 案例：抗毒小战士　140

任务三　掌握融合性韵律活动的组织与应用　137

- 案例：自主游戏"会跳舞的冰墩墩"　141
- 案例：种植的乐趣　143
- 案例：制作稻草人　145

模块六　拓展创新与岗位实践　147

任务一　自主性任务
——自主学习、自我成长　148

任务二　创造性任务
——专题创编、提升技能　154

任务三　实践性任务
——立足岗位、体验角色　158

附录一　高职高考技能证书考试舞蹈专项辅导（以广东省为例）　161

- 微课：考证辅导　161

附录二　舞蹈课后学习与欣赏资源推荐　161

参考文献　164

上篇
舞蹈基础

模块一
舞蹈基本知识

模块导读

本模块包含舞蹈的起源与发展、舞蹈的特性与功能和幼儿舞蹈概述三大部分。从舞蹈的定义、舞蹈的起源、舞蹈的发展、舞蹈的特征、舞蹈的功能、舞蹈的种类以及幼儿舞蹈的特点、功能分类等方面进行介绍。通过对舞蹈基本知识的系统学习，使学生构建舞蹈基本概念，增强学生对舞蹈的认知和理解，为今后幼儿舞蹈的学习奠定坚实基础。从而培养学生认知美、体验美、感受美、欣赏美、创造美的能力，提高学生美的情操、美的品格、美的素养，这也是幼儿保育专业学生全面发展不可缺少的美育组成部分。

学习目标

知识目标：学习舞蹈基本知识，构建舞蹈基本概念。
能力目标：学会辨识舞蹈种类、特征，培养舞蹈欣赏素养。
素质目标：为学生健全的人格打下基础，增强学生的艺术文化自信。

内容结构

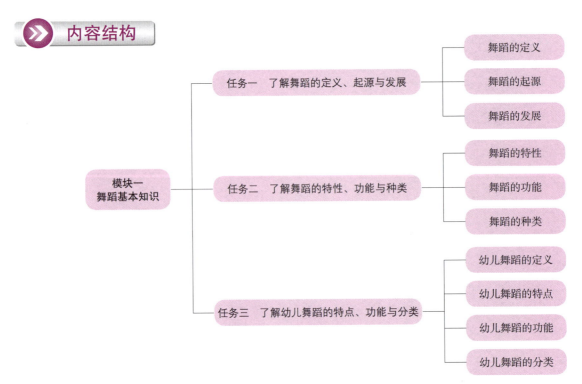

模块一 舞蹈基本知识

>> 课程思政

通过对舞蹈基础理论知识的了解，培养学生对传统文化的喜爱，增强学生的民族意识，激发学生的爱国情怀。

案例导入

新生入学了，一年级幼儿保育1班的小美挤在一群同学中间看着新课表，非常好奇。她看见初中时候的很多课程都不见了，反而多了很多没有听过的课程，还有很多初中时候的副课也成了主课，比如：音乐、舞蹈、美术，她在想舞蹈，那是学什么舞呢？是初中时候很多同学都喜欢跳的爵士、韩舞，还是广场上见得最多的广场舞，或者是幼儿园小朋友跳的舞蹈？第二天，带着这个疑问，幼儿保育1班第一节舞蹈课开始了……

任务一　了解舞蹈的定义、起源与发展

学习任务

初步了解关于舞蹈起源的7种说法与舞蹈发展的历史进程。

学习内容

◎ **学习意义**

通过学习舞蹈的起源和发展，建立对舞蹈的认识，提升学生的艺术修养。

◎ **主体内容**

一、舞蹈的定义

《诗经·大序》中有这样一句描述："情动于中而形于言。言之不足，故嗟叹之。嗟叹之不足，故咏歌之。咏歌之不足，不知手之舞之，足之蹈之也。"当人的内心产生感情时，就会用语言将其表达出来。可是，当语言无法表达时，就会是感叹。当感叹无法表达内心的感情时，便会歌唱。若当歌唱也无法表达内心的情感时，便会不知不觉地手舞足蹈。可见，舞蹈是表现人的情感最直接、最形象的方式，也是一种最能充分表现人的情感的方式。所以，舞蹈是以经过提炼、组织、美化的人体动作为主要艺术表现手段，并表现人类内在精神层次、传情达意的一种肢体视觉艺术，也是一种修身、修形、修心的艺术形态。

3

二、舞蹈的起源

舞蹈到底从何而来？舞蹈作为一种社会审美形态，作为一种人的内在生命力外化为人体的有节律的动态的造型艺术，起源于远古人类在求生存、求发展中劳动生产（狩猎、农耕）、性爱、健身和战斗操练等活动的模拟再现，以及图腾崇拜、巫术、宗教祭礼活动和表现自身情感思想、内在冲动的需要，它和诗歌、音乐结合在一起，是人类历史上最早产生的艺术形式之一。关于舞蹈的起源，具有代表性的说法有以下7种。

模仿论：艺术起源中最古老的理论，起源于古希腊哲学家。他们认为文艺的起源源于人类对自然的模仿，模仿是人的天性和本能，舞者的模仿是借用肢体有节奏地模仿各种"性格"、感受和行动。

游戏论：18世纪，德国诗人、文艺理论家席勒依据康德的观点，即艺术像游戏一样，都是"自由的"活动，提出"游戏论"的观点。游戏论认为艺术的根本起因是游戏的冲动，以假想为快乐的游戏冲动一发生，模仿的创作冲动就紧跟而来，这种冲动把假象当作某种独立自主的东西。

巫术论：这是现代西方最流行的一种艺术起源理论。英国的人类学家泰勒提出：原始人的思维分不清楚主客观的界限，认为一切自然物都和自己一样有灵魂，因而产生了图腾崇拜、原始宗教、魔法巫术、祭祀礼仪等活动，而这些活动都离不开舞蹈，甚至舞蹈是其主要内容。

表情论：19世纪末20世纪初俄国最伟大的文学家、思想家列夫·尼古拉耶维奇·托尔斯泰认为：艺术起源于一个人为了把自己体验过的感情传达给别人，于是在自己内心重新唤起这种感情，并用某种外在标志——动作、线条、色彩、声音以及言词所表达的形象来传达这种感情，使别人也能体验到同样的感情，舞蹈就是这样一种形式。

性爱论：英国生物学家、进化论的奠基人查尔斯·罗伯特·达尔文提出"音乐舞蹈起源于性的冲动、起源于恋爱"。在原始社会人们群居生活时，为了生存的需要把人的自然生产，也就是繁衍下一代看成非常重要的一次活动，把性和人们的性行为看作是很神圣、很神秘的事情，因此在图腾崇拜的同时也产生了生殖崇拜和对性的崇拜。

劳动论：这是我国许多舞蹈史论工作者所赞同的理论，劳动创作创造了人自身，是劳动使人摆脱了动物界，也是由于劳动创造了人类社会，创造了艺术赖以产生的物质基础，创造了舞蹈艺术的物质载体——人的灵活的、自如的、健美的、有着丰富表情功能的身体。

图腾说：这是20世纪初美籍德国艺术史学家C.萨克斯所提出的理论。图腾崇拜是原始人类最早的信仰仪式之一。人们认为不同的氏族起源于不同的动植物或其他物种，这一物种也成为该氏族的图腾。他们通常使用舞蹈这一直接、原始的方式作为与神灵图腾的沟通方式，祈求氏族的兴旺发达，以及受到神灵的庇护。

总而言之，舞蹈起源于人类求生存、求发展中劳动实践和其他多种生活实践的需要。

三、舞蹈的发展

中国舞蹈在历史发展的进程中，随着社会制度的进步和人们审美需求的提高，经历了不同时期的发展，具有悠久的历史和丰厚的艺术积累。中国舞蹈的发展可分为两个阶段：中国古代舞蹈和中国近代舞蹈。

（一）中国古代舞蹈发展历程

中国古代舞蹈出现三个鼎盛时期：周代——乐舞发展，这是西周时代祭祀仪式用的舞蹈；

汉代——百戏出现，是指民间各种各样的技艺表演，包括角力武术和歌舞表演；唐代——歌舞繁荣，歌舞大曲和歌舞戏等表演性舞蹈发展达到鼎盛。

原始社会　舞蹈在原始时代是文化的基本形态，举凡狩猎、战争和性爱、生殖有关祭祀或祈祷活动，都是通过舞蹈进行。距今五六千年前的新石器时代舞蹈纹陶盆的出土，向世人展示了原始舞蹈整齐的队势及其群体性、自娱性的特点。远古传说有："帝俊有子八人，始为歌舞"，说明这个时期舞蹈开始出现。

奴隶社会　夏禹传位给自己的儿子启，结束了"选贤与能"的时代，领袖世袭，成为"家天下"的局面，奴隶制建立。一方面舞蹈从自娱自乐向表演艺术的方向发展，另一方面，夏以后的殷商时代（公元前1600—前1046年）是一个神权统治的奴隶时代，事无巨细都要占卜问卦，巫舞活动中的宗教祭祀舞蹈得到发展，在河南安阳殷墟出土的大批甲骨文（刻在龟甲和兽骨上的文字），记录了宗教活动有关情况。

封建社会　周代随着经济文化的发展，建立了乐舞的等级制度，并整理出《六舞》和《六小舞》。《六舞》是"先王之乐"为神圣的"雅乐"；《六小舞》则是贵族子弟的乐舞教材，对各年龄段的教学内容、教学方法、教学评教都有严格的规定。故此，这个是我国古代舞蹈发展的第一个鼎盛时期。

汉代　汉代对礼制乐舞进行了改革，设立乐府，广泛收集民间歌舞，出现了百戏。同时，在艺、技交融的基础上，"舞"的语汇和动律也得以丰富和强化，突出表现在"舞袖、舞腰、舞足"三个方面。另外，汉代因少数民族进入中原，文化融合繁荣发展，民族舞得到发展，使汉代成为我国古代舞蹈发展的第二个鼎盛时期。

唐代　因三国两晋南北朝时期，南朝汉族传统乐舞与北朝各民族乐舞的融合及文化的交流，表演性舞分为"健舞"和"软舞"两大类，特别是"歌舞大曲"和"歌舞戏"的出现，以及舞蹈创编和记谱法的发展，使唐代表演性舞蹈成为我国古代舞蹈发展的第三个鼎盛时期。

宋代　宋代的民间歌舞空前繁盛，传统纯舞衰落。"村歌社舞"和城市出现固定的表演场所"瓦在子""勾栏"成为中华舞蹈史上重大转折期的明显特征，舞蹈呈现出向情节化转变，同时转向戏曲方向的特点。

元代　蒙古族统治阶级重视本民族文化，各类舞蹈都具有十分浓厚的民族色彩。此外，元代的杂剧崛起，出现了元曲，这是一种有歌有舞的戏曲形式。

明代　明代舞蹈艺术发展并不景气，宫廷的主要娱乐形式是戏曲，但明代戏曲继承了古典歌舞，并汲取了民间歌舞。明代的民间舞蹈开始逐步向剧场艺术形式转变。

清朝　清朝的戏曲艺术进一步发展，形成了相当规范的表演程式，并且出现了非常多的身段动作术语，清朝的昆曲进一步将舞蹈动作与歌唱、戏剧融合在一起，戏曲艺术的舞蹈性也随之加强。

由此，宋、元、明、清时期，我国的表演性舞蹈开始大多融入戏曲当中，民间舞开始悄然兴起，展现出顽强的生命力。

（二）中国近现代舞蹈发展历程

民国时期，中国舞蹈进入学堂教育下的启蒙阶段，特别是中国儿童歌舞方面的成就突出。例如：李锦辉先生创作的《麻雀与小孩》《葡萄仙子》等，这些作品提倡少年儿童爱自然、爱祖国、爱民族，很好地推动了儿童美育的发展。

我国现当代舞蹈中有三个重要的发展时期：第一个时期是20世纪20年代，"五四"运动后，舞蹈发展的主要特征是在创作方面，舞蹈从较为单一的民间自主娱乐和表演走向了有主题的创作与表现；第二个时期是20世纪50年代，是舞蹈从自发民间形态走向学院派的重要分水岭，这个阶段形成了学院派的芭蕾舞、中国古典舞和中外民族民间舞等艺术舞蹈的几大主要舞蹈艺术风格类型，实现了舞蹈从自娱型走向了专业型的训练与创作；第三个时期是20世纪80年代，改革开放时期，舞蹈文化全面开花，呈现多样化发展的趋势，我国第一个实验现代舞蹈团建立。

不同时代的舞蹈内部的纵向影响，主要是一个民族舞蹈艺术本身的继承，各民族舞蹈之间互相交流、互相借鉴，对舞蹈发展起到巨大的影响和不可缺少的促进作用。

任务二　了解舞蹈的特性、功能与种类

学习任务

初步了解和掌握舞蹈的5种特性、6种功能以及舞蹈种类的分法及内容。

学习内容

◎ **学习意义**

通过学习舞蹈的特性、功能及种类，建立对舞蹈的基本认知，提升学生的艺术修养。

◎ **主体内容**

舞蹈艺术可以把我们带入一个新鲜的境界、一个想象的世界。我们之所以热爱舞蹈，因为它以独特的艺术形式激发了我们的情感和想象力；我们钟情于舞蹈，因为它让我们超越刻板平庸的日常生活；我们流连于舞蹈，因为我们在多姿多彩的舞蹈艺术中瞥见了过去与现在。舞蹈是人的灵魂最深沉、最多样化的运动，其形式、韵律、节奏是任何单一的情感状态所不能比的，舞蹈正是以其独特的魅力和审美特征体现着自身的艺术价值。

一、舞蹈的特性

舞蹈特性即舞蹈区别于其他艺术形式的特点，动态性、抒情性、节奏性、造型性和综合性是舞蹈艺术的基本特性。动态性是最基本的特征，使舞蹈具有自身的表现优势和局限。抒情性是其内在本质属性。舞蹈动作是对自然形态的动作提炼、加工、美化而来，在时间维度内表现为节奏性，在空间维度内表现为造型性。从艺术展现方式看，舞蹈是一种综合性的艺术形式。

二、舞蹈的功能

舞蹈来源于社会生活，随着社会生活的发展而发展。它是社会生活、社会思想、社会风尚的一种反映和表现，但它一经形成又反过来给予社会生活以影响。不过，舞蹈作为一种特殊的意识形态，作为艺术的一种形式，它对社会的作用与影响，是通过生动鲜明的舞蹈形象，以审美为中介实现的。舞蹈艺术的功能可以概括为：以富有魅力的动态艺术形象，使人悦目赏心、陶冶性情、美化心灵，促进人们的身心健康和社会风尚的完善，进而推动社会主义现代化事业的不断

发展。

舞蹈的功能主要有下列6项：

自娱自乐　抒发情怀　古语曰"舞以达欢，盖乐心内发，感物而动，不觉手足自运，欢之至也。"这是先人对舞蹈功能所作的十分精辟的概括。当我们内心的愉悦之情无法用言语表达时，人们就会通过手舞足蹈的形式传达内心的情感和感受。

交流情感　增进友谊　抒情性是舞蹈的内在本质属性，它的出现也是缘由人类情感的传达。舞蹈的魅力就在于它能超越国家、种族、文化、语言、文字的限制，仅仅只通过动作来传递情感，促进关系的友好发展。

增强体质　延长青春　早在古代就有舞蹈可以强身健体之功效的说法，《吕氏春秋·古乐篇》中曾记载：在远古阴康氏年代，由于天气多阴雨，洪水灾乱不断，人民情绪忧郁，身体虚弱，于是有人创造了健身的舞蹈来增强人民的体质。当代社会，广场舞的兴起，作为一种运动方式，其增强体质、延长青春的功能普遍被大家所接受。

欣赏愉悦　陶冶情操　舞蹈作为一门艺术，本身就具有传达美的意味，舞蹈对于形式美感的要求很高，正是高要求的形式美感，又能给予人欣赏价值。人们在欣赏舞蹈时，在感受舞蹈所传达的情感魅力的同时，还可以提升个人欣赏艺术的能力，又在欣赏的过程中不断陶冶性情。

了解社会　认识世界　艺术来源于生活，舞蹈也不例外。舞蹈作品的题材、内容大部分都基于现实生活。把舞蹈艺术作为认识对象，在欣赏舞蹈的过程中，可以更深入地了解作品背后所带来的过去、现在的丰富且复杂的社会生活。

宣传教化　凝心聚力　早在远古时代，人们通过舞蹈进行教育和宣传，原始人民在成功狩猎后，会进行篝火晚会，并利用舞蹈的方式展现捕获猎物的过程。这既是传达愉悦的情感，也展现了经验分享的教育功能，还能增强氏族、团社的凝聚力。

三、舞蹈的种类

关于舞蹈的种类，我们可从不同的角度，运用不同的方法，从舞蹈的本质和独特的表现方式及内容等来做区分。这里根据舞蹈的作用和目的，将舞蹈划分为生活舞蹈和艺术舞蹈。

（一）生活舞蹈（自娱性舞蹈）

生活舞蹈又称自娱性舞蹈，与人们的生活有着密切的联系，是人人都可以参加的具有广泛群众性的舞蹈活动，主要包括以下6类。

习俗舞蹈　多在祭祀、禳灾、葬仪、庆丰年等活动中表演，流行于广西都安、南丹、东兰等地及贵州瑶族地区。

祭祀舞蹈　祭礼舞蹈起源于原始社会的图腾崇拜舞蹈和巫术仪式舞蹈，"以舞通神"是其重要的环节和其重要作用所在。

社交舞蹈　又称交谊舞或交际舞，是来源于西方的一种舞伴舞。包括简单易学的普通交谊舞（Social Dance，俗称"普交舞"）和按全世界统一竞技比赛标准要求的国际标准交谊舞（International Standard ballroom dance，俗称"国标舞"）。

自娱舞蹈　指人们以自娱自乐为唯一目的的舞蹈活动。用舞蹈来抒发和宣泄自己内在的情感冲动，从而获得审美愉悦的充分满足。如我国汉族民间舞蹈"秧歌"和一些少数民族的民间舞蹈，以及现在流行的广场舞、街舞、爵士、韩舞、宅舞等，都是人们所喜爱的自娱性舞蹈。

体育舞蹈　也称国际标准交谊舞，体育运动项目之一，是以男女为伴的一种步行式双人舞的竞赛项目。其中，摩登舞项群含有华尔兹、维也纳华尔兹、探戈、狐步和快步舞，拉丁舞项群包括伦巴、恰恰、桑巴、牛仔和斗牛舞。每个舞种均有各自舞曲、舞步及风格。根据各舞种的乐曲和动作要求，组编成各自的成套动作。

教育舞蹈　是指学校、幼儿园等进行审美教育的舞蹈活动以及开设的舞蹈课程，如校园集体舞、校园健身操、舞蹈课程鉴赏、校园舞蹈活动等。教育舞蹈可以用来陶冶和美化人的思想感情、道德情操，培养人的团结友爱，加强人的礼仪以及增进人的身心健康。

（二）艺术舞蹈（表演性舞蹈）

1. 根据风格特点划分

芭蕾舞　一种欧洲古典舞蹈，芭蕾舞最重要的一个特征即女演员表演时以脚尖点地，故又称脚尖舞。芭蕾舞是用音乐、舞蹈手法来表演戏剧情节。

古典舞　定名于20世纪50年代，是中国舞的代表分支，以戏曲、武术及古代舞谱等为动作主要原型，结合芭蕾基本训练，经过专业工作者提炼、整理、加工、创造，被认为是具有中国风格特点的古典舞蹈。

民间舞　民间舞蹈起源于人类劳动生活，它是由人民群众自创自演，表现一个民族或地区的文化传统、生活习俗及人们精神风貌的群众性舞蹈活动。

现代舞　这是20世纪初在西方兴起的一种与古典芭蕾舞相对立的舞蹈派别。其主要美学观点是反对古典芭蕾的因循守旧、脱离现实生活和单纯追求技巧的形式主义倾向，主张摆脱古典芭蕾舞过于僵化的动作程式的束缚，以合乎自然运动法则的舞蹈动作，自由地抒发人的真实情感，强调舞蹈艺术要反映现代社会生活。

当代舞　主要指广泛吸收而又不拘一格地运用中国传统舞蹈素材和外来艺术素材进行的创作和表演。该舞种的作品追求鲜明的艺术形象和丰富的民族审美情趣，反映中国当代的社会生活和时代性的精神风貌。

2. 根据表演形式划分

独舞　即以最小的舞蹈单位——单独的个人进行表演的舞蹈。

双人舞　指由两人一起表演的舞蹈形式，用以表现人物之间的思想感情交流，是作品中人物对话的一种表现形式。两人要有较高的技巧、丰富的情绪变化，舞蹈上配合默契、和谐一致。

三人舞　是由三个人表演的舞蹈形式，但非三人表演的舞蹈都可以称为"三人舞"，如三位表演者始终以整齐划一的动态表演，那只是一个小群舞。三人舞大部分是具有情节性的小型舞蹈作品，是能够组成性格冲突的最小舞蹈形式。三人舞中队形的变化、空间的表现较为丰富，其运动方式主要是非对称的、矛盾的，是一种具有特色的舞蹈样式。

群舞　即由三人以上表演的多人舞蹈形式。从表演的性别上可分为男子群舞、女子群舞和男女大群舞，从内容构成上可分为情节性群舞和抒情性群舞。群舞注重队形和画面的变化，构图丰富、色彩纷呈，有较浓郁的民族风格和地方特色。

组舞　通常是将几个相对独立、完整的舞蹈作品组合在一起进行表演。有的根据共同的主题把几个舞蹈组合在一起，有的根据共同的形态组合在一起，也有的根据编导或演员自身的创作或表演风格为组合。

歌舞　一种歌唱和舞蹈相结合的艺术表演形式，其特点是载歌载舞，既长于抒情，又善于叙事，能表现人物复杂、细腻的思想感情和广泛的生活内容。

舞蹈诗　这是结合诗的元素进行创作的新样式。它侧重于人们思想感情的抒发，像是一幅画，使人见画生情，既有舞蹈特征，又有诗的意境，以不断流动着的视觉形象生发出一种抒情的诗意。

歌舞剧　一种以歌唱和舞蹈为主要艺术表现手段来展现戏剧性内容的综合性表演形式。

舞剧 以舞蹈为主的表现手段，综合音乐、美术、照明、文字、戏剧等艺术形式来反映生活、表现人生的舞台表演艺术。舞剧是一种大型的舞蹈表演形式，它可以运用独舞、双人舞、群舞及组舞等多种舞蹈手段来表现较为复杂的故事情节，塑造内涵丰富的人物性格。世界各国都有各具风格的舞剧。中华人民共和国成立后，我国民族民间舞剧得到很大发展。

3. 根据舞蹈内容划分

情绪舞 又叫抒情性舞蹈。主要是通过抒发人物的思想感情，即通过特定的情景和人物思想感情，塑造出鲜明生动的舞蹈形象，达到感染观众的目的。一般来说，抒情舞蹈在表现手法上注意写意，舞段比较完整和流畅，群舞动作强调整齐划一。由于抒情性舞蹈的"舞性"较强，以至有"舞蹈长于抒情，拙于叙事"的说法。

情节舞 也叫叙事性舞蹈。是指通过一定的事件叙述来刻画人物性格，揭示性格冲突和发展，从而表现某种主题的舞蹈。叙事性舞蹈所叙之事一般比较单纯、简短，人物关系也比较简明，因而舞蹈本身的构成也比较简短。由于舞蹈是以动作语言来叙事，所以大多数叙事性舞蹈都依据一定的文学蓝本，这样可以使观众更容易理解舞蹈所叙之事，叙事性舞蹈与抒情性舞蹈相比，偏重于写实，由于其内涵比抒情性舞蹈丰富，往往能产生强烈的社会反响。

任务三　了解幼儿舞蹈的特点、功能与分类

学习任务

通过幼儿舞蹈特点、功能、分类的学习，了解幼儿舞蹈的基本概念为幼儿舞蹈教学及创编打下基础。

学习内容

◎ **学习意义**

通过学习幼儿舞蹈的特性、功能及分类，建立对幼儿舞蹈的认识。

◎ **主体内容**

一、幼儿舞蹈的定义

幼儿舞蹈是以幼儿的思维方式、认知事物的方法，运用肢体动作结合音乐、游戏、戏剧以及语言等元素来表达他们特有的情感、内心世界和童趣的综合性艺术表演形式，是对儿童进行德、智、体、美综合教育的重要手段。

二、幼儿舞蹈的特点

幼儿舞蹈的特点是载歌载舞、形象直观，易于被儿童理解和接受，对增强儿童的身体素质、情感、审美、注意力等有着十分重要的意义，明显促进儿童身心的健康成长。

(一)直观性

幼儿各方面正处于生长发育阶段,大脑的神经发育尚未成熟,思维具有直观性,所能接受的事物必须是形象而具体的,所以幼儿舞蹈中的人物心理、情感必须利用具体的舞蹈动作表现出来。舞蹈形象是一种直观的艺术形象,它是通过人们的眼睛来进行审美感觉的。这就决定了舞蹈作品中的情景和人物心理状态、情感,都必须通过舞蹈形象直接表现出来。由于幼儿正处在生长的阶段,大脑神经系统尚未发育成熟,思维特点是形象和具体的。比如当你设计闭上眼睛,靠在双合掌上,孩子们就知道这是娃娃在睡觉;当你张开双手,在身体两旁上下起伏,孩子们就知道这是小鸟或蝴蝶在飞翔。因此幼儿舞蹈语言的形象是直观的,所以幼儿舞蹈必须具备一个特点——直观性,抽象的内容和形象是幼儿不能理解和接受的。

(二)模仿性

模仿是幼儿学习知识的主要手段,幼儿对新鲜事物好奇心强,他们感兴趣的都要去学,学习的一种突出形式就是模仿。所以说,幼儿对舞蹈的学习是具有模仿性的,他们会模仿日常生活中的动作,例如可以用双手向下按两下比作浸泡毛巾,用两手握拳向相反方向转动比作绞毛巾,用双手在脸前绕圈比作洗脸,等等。他们还喜欢模仿各类动物,如小鸟飞、小鱼游、青蛙跳、小鸭走,又如学习解放军骑马、刺杀、开炮等等。幼儿舞蹈活动中想象与联想所揭示的知识性内容就是模仿所提供的,因此说幼儿舞蹈具有模仿性。

(三)童趣性

这里的童趣性包括幼儿的情趣和兴趣两个方面,是幼儿对某种事物所产生的探究意识倾向。爱玩游戏是幼儿的天性,在幼儿舞蹈教学中,游戏化教学是常态,也是最接近幼儿身心发展规律的一种教学方式。他们在游戏中舞蹈,在舞蹈中游戏,通过舞蹈、通过游戏表达自我内在的情感和对外界事物的认知和感受。而游戏中的推、拉、跳、滚等行为是幼儿舞蹈动作编排中的借鉴因素。可以说,幼儿舞蹈就是一种高级而有趣味的游戏,充满着幼儿的情趣。

(四)童幻性

所谓幻想,就是个人对自我追求的未来事物所进行的想象,并创造出从未知觉过,甚至未曾存在过的事物形象。幻想通常是幼儿舞蹈艺术的最显著的标志。在幼儿舞蹈中,他们可以像小鸟一样飞上蓝天,可以像机器人一样所向无敌,还可以与小星星打电话,在弯弯的月亮上荡秋千,等等。这种幻想既是幼儿与万物交流的桥梁,又是产生夸张、虚拟、幽默的重要手段。所以,幼儿幻想过程中真实的情感体验和对于想象情景直接表露的特点——童幻性,是幼儿舞蹈艺术的特点。除此之外,幼儿舞蹈艺术的特点还有诸如奇特性、跳跃性、寓教于乐性等,这些特征之间都具有较强的亲和力,是一个不可分割的整体,在某一作品中可以有所偏重,但绝不能没有,否则就没有幼儿舞蹈特色而言。

三、幼儿舞蹈的功能

幼儿舞蹈的功能,一是通过基本功的训练,培养幼儿的平衡能力、协调能力、空间感知能力,从而实现幼儿身体素质的全面提高;二是通过训练幼儿身体对节奏的敏感性,开发他们的艺术潜能;三是通过幼儿舞蹈的学习,培养幼儿良好的身体姿态和艺术气质;四是通过训练幼儿的注意力、模仿力、表演能力、形象思维能力等,促进幼儿全脑开发;五是通过幼儿对舞蹈兴趣的培养，增强幼儿自信心，同时培养幼儿毅力、意志等优良品质，从而促进幼儿全面发展。

四、幼儿舞蹈的分类

幼儿舞蹈形式活泼、多样，根据舞蹈特点及表现形式可分为自娱性舞蹈和表演性舞蹈。

（一）幼儿自娱性舞蹈

幼儿自娱性舞蹈主要以娱乐性为主，寓教于乐。常见的舞蹈形式有：幼儿律动、幼儿歌表演、集体舞、音乐游戏。

幼儿律动　又分生活类律动和动物类律动，是指在音乐和节奏伴奏下，以身体动作为基础，以节奏为中心的音乐活动，要求节奏感强，动作形象简单。

幼儿歌表演　幼儿在唱歌的时候，配以形象、生动的动作，用声音和形体共同表达情感，其特点是以歌为主，动作为辅，以简单的动作表现出来。可以坐在凳子上全体围成圆圈，也可以站着跳。

幼儿集体舞　这是一种集体娱乐的歌舞形式。它以规定的队形和动作相结合，参加者成双结对。集体舞又分邀请舞、单圈集体舞和双圈集体舞。它能培养幼儿之间的情感交流和集体意识，达到相互了解、团结友爱的目的。

幼儿音乐游戏　是指通过有趣的身体活动，在音乐或歌曲的伴奏下进行的有一定规则的游戏活动，目的是提高幼儿对音乐的感受力和表现力，培养幼儿的节奏感，发展幼儿的想象力和创造力。

（二）幼儿表演性舞蹈

幼儿表演性舞蹈是指通过对幼儿生活的观察，经过艺术加工提炼出的一种表演性的、反映幼儿生活的舞蹈艺术作品。幼儿表演性舞蹈又分为情绪舞和情节舞。

情绪舞　指在特定的环境中，以形象鲜明、生动的舞蹈语言来直接抒发幼儿的情绪、情感，以此表达幼儿对生活的感知和态度。一般以正面积极的情绪为主，动作简洁，构图流畅。如幼儿舞蹈《向前冲》，通过一群活泼可爱的孩子及其抬腿、摆肩、扭腰等动作，表现出一种斗志昂扬、奋发向上的情绪。

情节舞　主要艺术特征是通过舞蹈中不同人物的行为所构成的情节事件来塑造人物、表现作品主题思想。一般由时间、地点、人物、事件四要素组成，通过起、承、转、合的结构形式来展开。例如舞蹈作品《捉塘底》，其舞蹈结构的起、承、转、合，勾起了人们对儿时的"捉塘底"的习俗记忆，将这种纯朴而自然的水乡印象传递给观众。

> 起：一群水乡孩童在鱼塘岸上开心、愉悦地拉虾篓，表现了孩子们在水乡生活中的童真童趣。
> 承：随着音乐的变化，大家都拿出鱼捞，进入鱼塘进行"捉塘底"高潮活动。
> 转：随着音乐推上高潮，大家在鱼塘里欢腾跳跃，与鱼共舞！
> 合：最后孩子们伴着晚霞拉着虾篓，唱着童谣，满载而归。
>
> ——《捉塘底》

模块小结

本模块从舞蹈的起源与发展、舞蹈特性与功能、舞蹈种类及幼儿舞蹈概述等方面进行讲述，希望帮助学生构建舞蹈本体及幼儿舞蹈的基本概念，从而了解舞蹈的定义起源与发展，学会辨识舞蹈分类与特征，掌握幼儿舞蹈的基本常识，培养舞蹈欣赏的基本素养。

思考练习

1. 请结合自身谈谈成人舞蹈与幼儿舞蹈的区别，并举例说明。
2. 请列举出 1～2 个你所喜欢的舞蹈种类，并简述理由。

学习测评

学习测评

模块二
舞蹈基础训练

模块导读

在本模块中,我们以幼儿保育舞蹈提升需求为出发点,提炼出适合身心健康的最基本、最典型的基础训练。以中国古典舞基训为主,芭蕾训练等为辅,用寓教于乐、循序渐进、由简到繁的教学方式,拓展身体各部位肌肉能力,解决身体稳定性、协调性、灵活性,为基本功教学及表演打下扎实的基础。

针对幼儿保育专业学生的特点,本模块特设"学习小窍门""讲解小视频""温馨小贴士"等内容,为舞蹈教学提供规范、科学的可视化指导。只有科学训练,才能在训练中少走弯路,最大限度减少身体伤害,最终为舞蹈表演与教学打下坚实基础。

学习目标

知识目标:使学生初步认识舞蹈最基本的站姿、坐姿、手位、脚位,按动作规范要领做动作,学会听音乐做动作,解决最基本的软开度以及技术技巧。

能力目标:解决身体各部位的肌肉能力、动作协调性、柔韧性、灵活性、爆发力,为之后的组合训练以及舞蹈表演做铺垫。

素质目标:培养学生对舞蹈的热爱之情,提高学生对舞蹈的审美能力和鉴赏能力,从而全面提升保育学生的专业素养。

内容结构

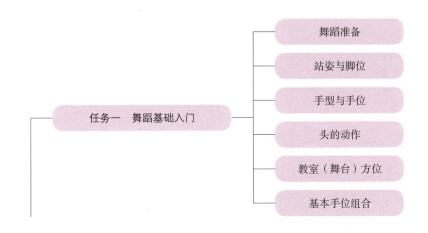

>> 课程思政

通过舞蹈基础训练,培养学生吃苦耐劳、努力进取、脚踏实地、精益求精的工匠精神。作为幼儿保育专业的学生,通过基训不仅可以提升自身的舞蹈素养,更可以间接地影响儿童的舞蹈艺术素养。

案例导入

小美听了老师的介绍，迎新生晚会时又看了学姐们的表演，她非常想自己也能像学姐一样每天优美地舞蹈。但是当她对着镜子开始起舞的时候，发现自己的腰腿很硬，和学姐的舞蹈动作差距很大，她瞬间变得很自卑，这时候老师过来安慰小美："小美，不急，学习舞蹈是一个系统而漫长的过程，我们必须一步一步地来，现在就让老师来帮助你吧。但是这个学习过程是很辛苦的，你能坚持吗？"小美犹豫了一下，又坚定地点了点头……

任务一　舞蹈基础入门

学习任务

明确舞蹈教学中的服饰穿戴要求，学习和掌握舞蹈特有的站姿和舞蹈基本动作形态，了解常用舞蹈方位，使学生更好地进入上课状态，为之后的舞蹈学习做有效铺垫。

学习内容

◎ 学习意义

舞蹈基础入门是学习舞蹈的基础，只有清楚地了解和掌握舞蹈中最基础和最基本的动作，才能顺利入门，才能去挑战更难的舞蹈动作，最终学好舞蹈专业，提升自我服务社会的能力。

◎ 主体内容

一、舞蹈准备

基训服：要便于身体最大限度活动，最好为有弹性、合体、紧身的舞蹈练功服，如图2-1-1所示。

头发：头发要梳得干净、利落，不影响舞蹈训练（盘发髻、短发）。

音乐：音乐是舞蹈的灵魂，可以根据舞蹈训练的内容选择合适的音响或乐器演奏。

二、站姿与脚位

（一）基本站姿

站姿的正确与否，不仅影响个人的身材、气质，还直接影响舞蹈的训练和表演，严重的还会影响身体健康。因此，在教学中，我们必须充分重视站姿的训练。

图2-1-1　舞蹈服装

图2-1-2 正确站姿

常见错误站姿：塌腰、撅臀、抬头、伸脖子、驼背、扣肩、膝盖弯曲等。

正确站姿：站小八字位，身体垂直站立于地面，双脚尖各向反方向打开45°，脚后跟靠拢，5个脚趾紧紧扒住地面。大腿、膝盖、小腿、脚踝内侧都要尽可能地外旋并夹紧腿部内侧肌肉，臀部也要收紧上提。胯根外开，收腹，两侧肋骨向内收。肩胛骨夹紧，挺胸，肩膀下压，脖子伸长。端正头部，眼睛平视前方，头顶向上拉伸，与脚向下用力形成两头抻状态。（图2-1-2）

（二）基本脚位

正步：双脚并拢，脚尖朝前，重心在两脚上。（图2-1-3）

小八字步：双脚脚跟靠紧，脚尖在正步基础上分别向外打开25°，重心在两脚上。（图2-1-4）

大八字步：在小八字位基础上，两脚分开与肩同宽，像大写的"八"字，重心在两脚中间。（图2-1-5）

丁字步：在小八字位基础上，一只脚紧贴另一只脚的内侧，即一只脚平行移动到另一只脚的内侧中间，脚后跟紧靠脚窝处，重心在两脚上。（图2-1-6）

图2-1-3 正步

图2-1-4 小八字步

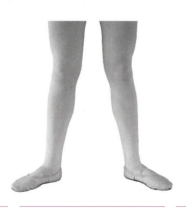
图2-1-5 大八字步

图2-1-6 丁字步

踏步：在小八字位基础上，一只脚向斜后方（4点或6点）撤一步，半脚掌轻踏地，膝盖靠拢，重心在主力腿上。（图2-1-7）

大掖步：在踏步的基础上，后腿向斜后方伸出，绷脚点地，前腿弯曲90°，重心在前腿，上身横拧。（图2-1-8）

弓箭步（前）：在丁字步基础上，后脚向身体正后方撤一大步，形成前腿弓、后腿直的姿态。重心大部分放在前弓腿上，小部分重心力量在后蹬直的腿上。（图2-1-9）

弓箭步（旁）：在丁字步基础上，后脚向身体正旁撤一大步，前脚膝盖对旁，形成前腿弓、后腿直的姿态，要求在一条平行线上，并尽可能地外开，重心在两腿中间。（图2-1-10）

图2-1-7 踏步

图2-1-8 大掖步

图2-1-9 弓箭步（前）

图2-1-10 弓箭步（旁）

三、手型与手位

（一）基本手型

兰花指（女）：大拇指与中指靠拢，以中指为发力点，带动其他三个手指充分翘起。（图2-1-11）

单指（女）：拇指和中指贴拢，食指伸直上翘，其余二指自然弯曲。（图2-1-12）

空心拳（女）：拇指和食指贴拢，其余三指也依次靠向食指，形成空心拳。（图2-1-13）

掌型（男）：虎口张开，拇指根向手心用劲，要求手心有一个自然的沟窝，其余四指并拢微翘，掌的外侧用力。（图2-1-14）

图2-1-11 兰花指（女）

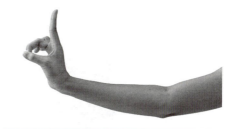
图2-1-12 单指（女）

图2-1-13 空心拳（女）

图2-1-14 掌型（男）

（二）基本手位

山膀：手臂旁起至90°与肩平，肘部微屈，兰花指手心向外，不可折腕，中指向斜上方45°用力向外推并延伸。（图2-1-15）

按掌：兰花指提到身体正前方——胸下两肋骨中间凹陷处下按，掌心向下，距离身体一掌半余，沉肩同时手臂肘部要架起来保持弧线。（图2-1-16）

基本手位

图 2-1-15　山膀　　　　　　图 2-1-16　按掌

托掌：手臂旁起至头上方略靠前，保持山膀手臂形状，兰花指手心向上推开并延伸，注意中指要尽力转向前旁，切忌手指指向后。（图 2-1-17）

顺风旗：一手做山膀，一手做托掌，同时做双手位，像一面迎风飘扬的旗。（图 2-1-18）

图 2-1-17　托掌　　　　　　图 2-1-18　顺风旗

斜托掌：在顺风旗手位基础上，双手手心翻转，右手心向上变托掌，左手兰花指向上、向前延伸。（图 2-1-19）

双提襟：双手握空心拳，手臂微屈在胯的两侧架起来，肘略向前沉肩，手腕微内扣似提衣襟。（图 2-1-20）

图 2-1-19 斜托掌　　　　图 2-1-20 双提襟

（三）手的位置

上位：双手臂上举并伸直，双手与肩同宽，肩膀下压，手心朝前。（图 2-1-21）

斜上位：双手臂在上位基础上向旁打开 45°，手心朝外。（图 2-1-22）

图 2-1-21　上位　　　　图 2-1-22　斜上位

前平位：双手臂伸直与肩同宽，向上抬至体前与肩平。（图 2-1-23）
旁平位：双手臂在斜上位基础上向旁向下打开 45°，手心向下与肩平。（图 2-1-24）

图2-1-23　前平位

图2-1-24　旁平位

下位：双手臂垂直于身体两侧，手心相对。（图2-1-25）

斜下位：双手臂在下位基础上向旁向上打开45°，手心向下，手心相对。（图2-1-26）

图2-1-25　下位

图2-1-26　斜下位

四、头的动作

低头：小八字位标准站姿，双手叉腰，额头带动后颈部向前向下弯曲，保持后颈部伸拉，幅度适中。（图2-1-27）

仰头：额头带动前颈部向后向上弯曲，保持前颈部伸拉，幅度适中。（图2-1-28）

图2-1-27 低头　　　　图2-1-28 仰头

左（右）转头：小八字位标准站姿，双手叉腰，额头带动颈部向左（右）两边转动90°，保持下巴平行转动，切忌抬头或低头转动。（图2-1-29）

左转头　　　　右转头

图2-1-29 转头

左（右）摆头：小八字位标准站姿，双手叉腰，额头带动颈部向左（右）两边像钟摆一样最大限度侧倾，伸拉到颈部右（左）侧，头朝1点，肩膀下压，切忌摆头时耸肩、抬头或低头。（图2-1-30）

左摆头　　　　　　　右摆头

图 2-1-30　摆头

五、教室（舞台）方位

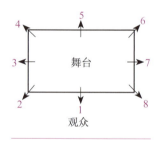

图 2-1-31　方位

无论上课还是演出，掌握舞蹈方位有利于教师更准确地教授组合与舞蹈，也让学生更清晰动作要求规范，从而达到组合或舞蹈动作更加整齐一致。舞蹈共有 8 个基本方位，通常称"8 点"，面对的正前方为"1 点"，以 1 点为准，顺时针方向每转一次 45°为一个点，依次为 2 点、3 点、4 点、5 点、6 点、7 点、8 点。（图 2-1-31）

● 学习小窍门 ●

单数为"面"，双数为"角"。

六、基本手位组合【音乐《小星星》2/4】

准备动作　面对 2 点，左前丁字步，提襟手，头看 1 点准备。
前奏【1×8】保持不动。

第一段【4×8】

【1—8】[1]　1—4 拍，右手向旁起至托掌位；5—6 拍，托掌位亮相；7—8 拍，不动，注意眼随手动，亮相时头看 1 点。

【2—8】1—4 拍，从托掌位切掌下来到按掌位；5—6 拍，按掌位亮相；7—8 拍，不动，注意眼随手动，亮相时头看 1 点。

【3—8】1—4 拍，右手经按掌位向下再向旁拉至单山膀位；5—6 拍，单山膀位亮相；7—8 拍，不动，注意眼随手动，亮相时头看 1 点。

【4—8】1—4 拍，右手向上起由外向内划手下来；5—6 拍，划至右斜下方，注意眼随手动；

---

[1]【1—8】即第一个 8 拍的意思，同理【2—8】即第二个 8 拍，以此类推。下同。

7—8拍，手收至提襟手位，同时右脚上步，变为右前丁字步，面向8点。

第二段【6×8】

【1—8】1—4拍，双手向旁起至托掌位；5—6拍，托掌位亮相；7—8拍，不动，注意眼随左手动，亮相时头看1点。

【2—8】1—4拍，从托掌位向旁划下来到按掌位；5—6拍，按掌位亮相；7—8拍，不动，注意眼随右手动，亮相时头看8点。

【3—8】1—4拍，双手经按掌位向下向旁拉至双山膀位；5—6拍，双山膀位亮相；7—8拍，不动，注意眼随手动，亮相时头看8点。

【4—8】1—2拍，双手向上起；3—4拍，由外向内划手下来，双手再分别向上划至左顺风旗位，左脚向后（4点）撤一步呈大掖步；5—6拍，左顺风旗位亮相；7—8拍，不动，注意眼随手动，亮相时头看2点。

【5—8】1—2拍，双手向上交叉的同时向左转身；3—4拍，由外向内划手下来，拉至右顺风旗位，左转时重心由右脚移动至左前脚大掖步位；5—6拍，顺风旗位翻手心向上以斜托掌亮相；7—8拍，不动，注意眼随手动，亮相时头看8点。

【6—8】1—4拍，双手向旁划手下来，收右后脚回到左丁字步；5—6拍，双手向旁拉至斜下位，眼随右手；7—8拍，收手至背手位，同时亮相，头看1点。

温馨小贴士

上课前一定要穿戴整齐，提前十分钟进教室，以便更好地进入学习状态。

基本站姿

课后任务

1. 在正确站姿基础上，练习脚位，每个脚位站一个8拍。
2. 在正确站姿基础上，练习手型、手位。
3. 单一练习8个不同方位并记牢。
4. 复习基本手位组合。
5. 多利用多媒体优势，通过手机、电脑等查找相关视频观摩学习。

任务评价

评价主体	评价内容	评价效果	备注
教师评价	基本站姿	优（ ） 良（ ） 中（ ） 差（ ）	
	规范要领	优（ ） 良（ ） 中（ ） 差（ ）	
	音乐节奏	优（ ） 良（ ） 中（ ） 差（ ）	
	内容掌握	优（ ） 良（ ） 中（ ） 差（ ）	

续表

评价主体	评价内容	评价效果	备注
自我评价	节奏准确	优（ ）良（ ）中（ ）差（ ）	
	动作规范	优（ ）良（ ）中（ ）差（ ）	
	方位认识	优（ ）良（ ）中（ ）差（ ）	
	熟练程度	优（ ）良（ ）中（ ）差（ ）	

任务二　地面基础训练

学习任务

任务二要学习正确的舞蹈坐姿，做勾绷脚练习，还要学会数拍子做动作，并通过地面练习解决我们身体各部位最基本的软开度。开始尝试亲子或者双人趣味学习模式，以便幼儿保育专业学生将来在幼儿园教学活动中引导幼儿轻松、愉快地融入学习。

学习内容

◎ **学习意义**

在练好正确坐姿的基础上，开展地面练习组合，重点解决下肢的柔韧性以及软开度，这对训练腿部肌肉力量、柔韧性以及线条变优美都有不可替代的作用。

◎ **主体内容**

一、基本坐姿

伸腿坐姿：面向2点坐地，伸直双腿并且并拢，绷脚、延伸，膝盖窝贴紧地面，腰背挺直，正头立颈，下颚微收，眼睛平视前方，双手置于斜下位，中指轻点地。（图2-2-1）

双吸腿坐：在伸腿坐地基础上，两腿同时屈膝，脚尖、脚跟并拢，绷脚，双脚尖点地。（图2-2-2）

对脚坐姿：在双吸腿坐的基础上，双膝向外打开，两脚掌相对，双手分别握住脚尖。（图2-2-3）

盘腿坐姿：在对脚坐姿基础上，双脚再往里形成小腿相互交叉，并叠放于对侧腿的下方，双手放在膝盖上或者放在身后做背手位。（图2-2-4）

图2-2-1　伸腿坐姿　　　图2-2-2　双吸腿坐

图2-2-3　对脚坐姿　　　　　图2-2-4　盘腿坐姿

二、勾绷脚训练

1. 勾脚

面向2点，伸腿坐姿基础上，脚尖向上勾起，直膝贴地，脚跟用力向外推，脚尖朝鼻尖。（图2-2-5）

2. 绷脚

在勾脚基础上，脚尖一节一节向下压，用力绷紧脚背，脚尖向下勾并延伸，膝盖依然紧贴地面。（图2-2-6）

图2-2-5　勾脚　　　　　　图2-2-6　绷脚

3. 勾绷脚组合【音乐《两只老虎》2/4】

准备动作：面对1点，双吸抱腿，含胸、低头触膝盖，双手互抱肘部做准备。

勾绷脚组合

前奏【2×8】

【1—8】1—4拍，上身立直对脚坐，双手抓脚踝处；5—6拍，头向左摆；7—8拍，头向右摆。

【2—8】1—4拍，双手举至头两旁，胳膊肘平肩膀，小臂略微往里，手呈爪形，瞪大眼睛张大嘴；5—6拍，保持舞姿，双手抓两下，表情微笑；7—8拍，绷脚伸腿坐，手放两侧，中指点地。

第一段【4×8】

【1—8】1—2拍，半勾脚；3—4拍，全勾脚；5—6拍，半勾脚；7—8拍，全绷脚。

【2—8】重复上述动作一次。

【3—8】1—2拍，左脚全勾脚，头同时向右摆；3—4拍，回正；5—6拍，右脚全勾脚，头同时向左摆；7—8拍，回正。

【4—8】重复上述动作一次。

间奏【2×8】同前奏。

第二段【4×8】

【1—8】1—2拍,半勾脚;3—4拍,全勾脚;5—6拍,半勾脚;7—8拍,全绷脚。

【2—8】重复上述动作一次。

【3—8】1—2拍,双脚全勾脚;3—4拍,脚尖向外打开,脚后跟并拢;5—6拍,打开位全绷脚;7—8拍,绷脚回正。

【4—8】1—2拍,打开位全绷脚;3—4拍,打开位全勾脚;5—6拍,正步位全勾脚;7—8拍,绷脚回正。

结束【1×8】1—4拍,双吸抱腿低头;5—8拍,上身立直对脚坐,双手呈爪形举至头两旁,瞪大眼睛、张大嘴、面带微笑。

三、节拍与口令

舞蹈节拍口令:数节拍在舞蹈中是最常用的。数节拍一定要匀速,节奏要根据曲子节拍去喊,也可以用手或者打鼓点节奏。最常见的舞蹈节拍有2/4拍、3/4拍等。

2/4拍打节拍法:"1、2、3、4、5、6、7、8",以8拍为一个单位,第2个8拍则数"2、2、3、4、5、6、7、8",以此类推,一般以8个8拍为一小节。

3/4打节拍法:"1哒哒、2哒哒、3哒哒、4哒哒、5哒哒、6哒哒、7哒哒、8哒哒",即以8个三拍子为一个单位。

节拍与口令

舞蹈辅助口令:在舞蹈学习中,为了更容易记住动作或者掌握动作规范要领,常常会使用语言引导提示的舞蹈辅助口令教学手法,这对更迅速学习和掌握舞蹈动作有很好的帮助。舞蹈辅助口令教学要求语言简练、表达清晰,重点突出,表达准确。

四、手眼组合【音乐《蜜雪冰城》2/4】

准备动作 面对1点,盘腿坐,背手准备。

前奏【1—8】1—2拍,双手旁起在头顶做"爱心"形,同时头朝左摆;3—4拍,双手不变,头朝右摆;5—6拍,头回正;7—8拍,双手并拢遮面。

手眼组合

第一段【4×8】

【1—8】1—6拍,双手向旁打开露脸、微笑、平视前方;7—8拍,遮面回正。

【2—8】1—6拍,双手向下拉托下巴同时头眼向上看;7—8拍,遮面回正。

【3—8】1—6拍,双手向旁打开,露脸、微笑、平视前方;7—8拍,遮面回正。

【4—8】1—6拍,双手向上抬至"爱心"形,同时头向左摆、眼向下看;7—8拍,遮面回正。

间奏【1—8】同前奏。

第二段【4×8】

【1—8】1—4拍,双手向旁打开,露脸、微笑、平视前方;第5拍,看左斜上方;第6拍,看右斜上方;7—8拍,遮面回正。

【2—8】1—4拍，双手向旁打开，露脸、微笑、平视前方；第5拍，看左斜下方；第6拍，看右斜下方；7—8拍，遮面回正。

【3—8】1—2拍，双手并拢同时向右平拉，头往左出，眼看向8点；3—6拍，视线从左到右扫至1点；7—8拍，遮面回正。

【4—8】1—2拍，双手并拢同时向左平拉，头往右出，眼看向2点；3—6拍，视线从右到左扫至1点；7—8拍，遮面回正。

间奏　1×7拍同前奏，第8拍双手背手。

第三段【4×8】

【1—8】1—2拍，头看左斜上方；3—4拍，回正；5—6拍，看右斜上方；7—8拍，回正。

【2—8】1—2拍，头看右斜下方，第3—4拍，回正；5—6拍，看左斜下方；第7拍，回正；第8拍，头平转向7点。

【3—8】眼睛视线从7点起从左到右经上弧线看向3点。

【4—8】1—7拍，眼睛视线再从3点起从右到左经上弧线看向7点；第8拍，回正。

间奏　1—7拍同前奏，第8拍双手背手。

第四段【4×8】

【1—8】1—2拍，右手单指点左上方；第3拍，右手单指点右下方；第4拍，右手单指点右上方；5—6拍，单指立指贴唇，同时嘴嘟；7—8拍，右手回背手位。

【2—8】1—2拍，左手单指点右上方；第3拍，左手单指点左下方；第4拍，左手单指点左上方；5—6拍，单指立指贴唇，同时嘴嘟；7—8拍，左手回背手位。

【3—8】1—2拍，右手单指点左旁8点；第3拍，右手单指点右旁2点；第4拍，右手单指回左旁8点；5—7拍，眼随手动，从8点平扫至2点；第8拍，快速收至背手位。

【4—8】1—2拍，左手单指点左旁2点；第3拍，右手单指点左旁8点；第4拍，左手单指回右旁2点；5—7拍，眼随手动，从2点平扫至8点；第8拍，快速收至背手位。

五、热身训练

1. 地面压腿

（1）压前腿

面朝2点伸腿坐姿准备，双手上举至斜上位，下压时，腹部带动双手，抬头、脚尖向远处延伸，直到上身全部压下贴住腿。（图2-2-7）

双人（亲子）压前腿练习：两位同学（妈妈和幼儿）背靠背伸腿坐姿，双手点地准备，旁起至斜上位，一人向前压前腿，一人向后躺压另一人的后背。一个8拍后反过来做，重复8个8拍。（图2-2-8）

图2-2-7　压前腿

图2-2-8　双人压前腿练习

（2）压旁腿

面朝1点伸腿坐姿准备，一腿直膝向旁打开，另一腿屈膝、收脚贴近大腿根部，双手侧起至双山膀位。下压时，直腿侧的手伸直于体前轻点地，屈腿侧手继续旁起经过单托掌位，手指尖向远处延伸下压，下侧腰尽量碰到脚踝。（图2-2-9）

双人（亲子）压旁腿练习：两位同学（妈妈和幼儿）面对面压旁腿坐姿坐好，直腿一侧的手扶住对方的腰，屈腿一侧手臂伸直、旁起，经过托掌位下旁腰，手指尖找脚尖，向旁向下压旁腿。反面同。（图2-2-10）

图2-2-9　压旁腿

图2-2-10　双人压旁腿练习

（3）压后腿

面朝1点，在压旁腿坐姿的基础上，双手撑地，身体略起转向屈腿方向，注意胯、肩膀以及整个上身正对7点或3点，后腿伸直后胯跟尽量贴地。（图2-2-11）

双人（亲子）压后腿练习：两位同学（妈妈和幼儿）面对面，一位同学（妈妈）双手扶住另一位同学（幼儿）的腰，另一位同学（幼儿）在压后腿的基础上，向后下胸腰。（图2-2-12）

图2-2-11　压后腿

图2-2-12　双人压后腿练习

2. 横叉

在伸腿坐姿基础上，双腿向两旁打开呈"一"字，双手中指轻轻在体前点地，后背挺直，注意脚背外开、绷脚、延伸。（图2-2-13）

横叉辅助练习：

①束脚压：对脚坐姿，双手放在膝盖上，先反复摁压膝盖，做蝴蝶飞放松膝盖和胯根；紧接着在对脚坐姿

图2-2-13　横叉

基础上，上身向前压，胳膊肘尽量贴地，起身后再反复做。（图2-2-14）

双人（亲子）横叉练习：两位同学（妈妈和幼儿）面对面打开腿（横叉）坐好，一位同学（妈妈）双手抓住另一位同学（幼儿）双手，一位同学（妈妈）慢慢控制力度使另一位同学（幼儿）缓缓向后仰躺，两位同学可以轮流做。（图2-2-15）

图2-2-14　束脚压

图2-2-15　双人横叉练习

② 青蛙趴：顾名思义，像青蛙一样趴在地上，膝盖向外打开弯曲，大腿和小腿呈90°，绷脚或勾脚都可以，让臀部尽量下压，坚持5分钟左右，双手与肩同宽、向前伸直。（图2-2-16）

图2-2-16　青蛙趴

双人（亲子）青蛙趴练习：两位同学（妈妈和幼儿），两人脚掌对脚掌朝反方向做青蛙趴（图2-2-17a），然后双手在胸部两侧撑地推起，头胸向后卷，还可以尝试两个人双手互相拉住。（图2-2-17b）

a

b

图2-2-17　双人青蛙趴练习

3. 竖叉

正步位站姿准备，面朝3点，一脚向前、一脚向后呈"1"字下叉，竖叉要注意双肩和胯要正，后胯根尽量贴地，上身向后下腰，头尽量向下，眼睛看向脚后跟。（图2-2-18）

图2-2-18　竖叉

竖叉辅助练习：

① 蜥蜴1式：前腿弓、后腿直，在一条线上，前小腿垂直于地面，双手撑膝，后腿蹬直，脚趾撑地。（图2-2-19）

② 蜥蜴2式：在蜥蜴1式基础上，双肘同一侧撑地。（图2-2-20）

双人（亲子）竖叉：一同学（幼儿）做蜥蜴1式，另一同学（妈妈）面对面双手扶同学（幼儿）腰部向后下腰。两人可以交替做。

图2-2-19　蜥蜴1式　　　　　　　　图2-2-20　蜥蜴2式

4. 开肩

跪坐准备，双手带动上身向前趴，大腿垂直于地面，肩膀下压贴向地面，手臂与肩膀同宽伸直，下巴贴地。老师可以用手按压肩胛骨两侧。（图2-2-21）

双人（亲子）开肩练习：两位同学（妈妈和幼儿）面对3点，一前一后跪坐，后面同学（幼儿）双手搭在前面同学（妈妈）双肩上，向下压肩膀贴向前面同学（妈妈）后背。（图2-2-22）

图2-2-21　开肩　　　　　　　　图2-2-22　双人开肩练习

5. 弯腰

俯卧，双手向前伸直与肩膀同宽，右耳朵贴地，脚后跟并拢，双腿夹紧准备。双手屈臂、撑地，在大腰两侧，头、颈、肩、胸、腰依次向后卷腰，手臂撑直，舒展胸腰，肩膀下压，不要耸肩，头找臀部。回腰时要按照腰、胸、肩、颈、头的顺序依次回到准备位。根据腰的柔韧程度调节手臂撑地位置，腰比较硬，双手可以略微往前撑。（图2-2-23）

单一弯腰做完，可以在弯腰的基础上增加强度，双脚做后吸腿，脚往回勾，尽量去碰头，像一个贝壳的形状。（图2-2-24）

图2-2-23　弯腰　　　　　　　　图2-2-24　弯腰勾腿

6. 搬小燕

俯卧，双手向前伸直与肩膀同宽准备。双脚做后吸腿，双手拇指抓住脚窝，其余四肢抓脚背绷脚用力向上拉起，膝盖和胸部都要离地，抬头挺胸，自然呼吸，不要憋气。（图2-2-25）

双人（亲子）搬小燕练习：两位同学（妈妈和幼儿）做搬小燕时，一同学（妈妈）可以站在另一同学（幼儿）一侧，双手各自托抓住同学（幼儿）的手和脚向上提拉，像提着一个小花篮一样。（图2-2-26）

图2-2-25 搬小燕

图2-2-26 双人搬小燕练习

7. 跪下腰

双腿跪立与肩同宽，双手上位准备，顶胯的同时头带动挑腰向后下腰，双手伸直撑地抓脚，抬头看地面。（图2-2-27）

双人（亲子）跪下腰练习：一同学（幼儿）双手叉腰跪立，另一同学（妈妈）面对幼儿跪坐，扶住同学（幼儿）后腰，同学（幼儿）双手撑腰、顶胯，慢慢向后下腰，下到一半控住再慢慢回腰，熟练之后可以双手改为上位跪下腰。同学（幼儿）自己控腰后，可以尝试自己手撑地跪下腰，另一同学（妈妈）将手轻放同学（幼儿）身下保护。（图2-2-28）

图2-2-27 跪下腰

图2-2-28 双人跪下腰练习

8. 站下腰

双脚打开与肩同宽，双手举至上位准备，头带动身体慢慢向后下腰，同时要向前向上

顶胯，稳住重心，直至双手撑住地面。通过不断练习，软开度好的同学可以尝试下腰抓脚。（图2-2-29）

双人（亲子）站下腰练习：两人面对面站立，一同学（妈妈）扶住另一同学（幼儿）腰部，保护同学（幼儿）慢慢向后下腰直到双手撑住地。（图2-2-30）

图2-2-29 站下腰

图2-2-30 双人站下腰练习

温馨小贴士

每次下腰后一定要记得及时回腰，这样才能保护我们的腰不受伤。

吸伸腿组合

9. 吸伸腿组合【音乐《小步舞曲》3/4】

准备动作 脚对3点伸腿坐姿，挺胸抬头，双手兰花指，中指点地。

【1—8】1—4拍，准备动作不动；5—6拍，含胸、低头、双手抱吸腿，绷脚尖点地；7—8拍，伸腿坐姿，双手举至斜上位。

【2—8】1—4拍，双手向前压抱腿，注意双手尽量向脚尖方向延伸，双脚并拢，绷脚延伸；第5拍，压抱腿勾脚；第6拍，压抱腿绷脚；7—8拍，含胸、低头，腰部带动上身一节一节躺地，头朝7点、脚朝3点仰卧，双腿并拢绷脚延伸，双手旁平位。

【3—8】1—2拍，右脚前吸腿；3—4拍，腿慢慢伸直，脚尖朝天花板；第5拍，勾脚；第6拍，绷脚；7—8拍，脚尖带动延伸下落到地面原位。

【4—8】1—8拍，做反面左脚前吸伸腿，同上。

【5—8】1—2拍，右脚旁吸腿；3—4拍，腿慢慢伸直，脚尖朝旁尽量贴地，注意左臀部压住不可以掀起；第5拍，勾脚；第6拍，绷脚；7—8拍，脚尖带动延伸向下收回到原位。

【6—8】1—8拍，做反面左旁吸伸腿，同上。

【7—8】1—2拍，双脚脚后跟并拢，同时吸腿；3—4拍，双腿慢慢伸直，脚尖朝天花板；5—6拍，双脚向两旁打开；7—8拍，脚尖带动向旁延伸，尽量贴地，下落到地面原位。

【8—8】1—2拍，双脚脚后跟并拢，同时吸腿；3—4拍，双腿慢慢伸直，脚尖朝天花板；第5拍，双脚向两旁打开；第6拍，重新并拢；7—8拍，脚尖带动延伸向下收回到原位。

【9—8】1—2拍，双脚向两旁打开；3—4拍，双腿慢慢并拢伸直，脚尖朝天花板；第5拍，

勾脚；第6拍，绷脚；7—8拍，脚尖带动延伸向下收回到原位。

【10—8】1—2拍，双脚向两旁打开；3—4拍，双腿慢慢并拢伸直，脚尖朝天花板；第5拍，双脚脚尖向两旁用力下打，最后一拍收回；第6拍，再次双脚脚尖向两旁用力下打，最后一拍收回；7—8拍，脚尖带动向旁延伸，尽量贴地，下落到地面原位。

地面踢腿组合

10. 地面踢腿组合【音乐《你笑起来真好看》2/4】

（1）踢前腿

准备动作 脚对3点，头朝7点仰卧，双腿并拢绷脚延伸，双手旁平位。

前奏【1—8】听音乐，不做动作。

【1—8】1—2拍，右脚绷脚，脚背带动向上踢起；3—4拍，脚背控制住绷脚、延伸，慢慢落回；5—6拍，左脚绷脚，脚背带动向上踢起；7—8拍，脚背控制住绷脚、延伸，慢慢落回。

【2—8】～【4—8】同上反复。

【5—8】第1拍，右脚绷脚，脚背带动向上踢起；第2拍，左脚绷脚，脚背带动向上踢起，同时右腿落下；3—4拍，左脚控制住绷脚、延伸，慢慢落回；5—6拍，勾脚；7—8拍，绷脚。

【6—8】第1拍，左脚绷脚，脚背带动向上踢起；第2拍，右脚绷脚，脚背带动向上踢起，同时左腿落下；3—4拍，右脚控制住绷脚、延伸，慢慢落回；5—6拍，勾脚；7—8拍，绷脚。

【7—8】～【8—8】同上反复。

间奏【2×8】

【1—8】1—4拍，挑胸腰至头微离地；5—8拍，慢慢躺回原位。

【2—8】1—4拍，身体向左侧转身，脚对3点，头朝7点，面朝1点侧卧，头枕左手臂伸直，右手于胸前撑地，双腿并拢绷脚延伸，侧卧呈一条线，注意全身肌肉收紧；5—8拍，保持侧躺位不动，准备踢右旁腿。

（2）踢旁腿

【1—8】1—2拍，右脚绷脚，脚背带动向上踢起；3—4拍，脚背控制住绷脚、延伸，慢慢落回；5—6拍，右脚再次向上踢起；7—8拍，落回原位。

【2—8】同上反复。

【3—8】躺地吸撩踢腿。1—2拍，经右旁吸腿脚背带动向上撩踢起；3—4拍，脚背控制住绷脚、延伸，慢慢落回；5—6拍，右脚再次旁吸腿向上撩踢起；7—8拍，落回原位。

【4—8】躺地吸撩踢腿。1—2拍，经右旁吸腿，脚背带动向上撩踢起；3—4拍，脚背控制住绷脚、延伸，慢慢落回；5—8拍，向右后转身呈右侧躺位，准备踢左旁腿。

【5—8】～【7—8】做反面动作。

【8—8】1—2拍，经左旁吸腿脚背带动向上撩踢起；3—4拍，脚背控制住绷脚、延伸，慢慢落回；5—8拍，向左后转身呈俯卧位，双手在斜上位位置，双脚打开与肩同宽，准备做腰背肌。

间奏【2×8】

【1—8】1—4拍，做腰背肌起的动作，手脚都要抬起并延伸；5—8拍，慢慢回原位。

【2—8】～【4—8】重复上述动作。

（3）踢后腿

【1—8】1—2拍，右腿伸直，膝盖绷脚向后向上用力踢起落下；3—4拍，左腿伸直，膝盖绷脚向后向上用力踢起落下；5—6拍，右腿伸直，膝盖绷脚向后向上用力踢起落下；7—8拍，左腿伸直，膝盖绷脚向后向上用力踢起落下。

【2—8】～【4—8】同上反复。

结束【1—8】双脚起向后吸腿，双手下滑，抓起双脚踝处向上拉起，做搬小燕。

温馨小贴士

这一节开始进入解决软开度以及动作幅度慢慢加大阶段，所以上课之前一定要做好热身，最好每天早上跑步，锻炼体能，同时为身体做基础热身。

课后任务

1. 复习所有单一动作，每个单一动作都要循序渐进地反复训练。
2. 复习所有组合，注意按照每个单一动作的规范要求做，并学会数拍子和听音乐做动作。
3. 尝试双人搭档训练，相互辅助完成动作，同时学会纠正不规范动作。

任务评价

评价主体	评价内容	评价效果	备注
教师评价	软开度	优（ ） 良（ ） 中（ ） 差（ ）	
	规范要领	优（ ） 良（ ） 中（ ） 差（ ）	
	音乐节奏	优（ ） 良（ ） 中（ ） 差（ ）	
	内容掌握	优（ ） 良（ ） 中（ ） 差（ ）	
自我评价	节奏准确	优（ ） 良（ ） 中（ ） 差（ ）	
	规范要领	优（ ） 良（ ） 中（ ） 差（ ）	
	软开度	优（ ） 良（ ） 中（ ） 差（ ）	
	接受能力	优（ ） 良（ ） 中（ ） 差（ ）	

任务三　把杆基础训练

学习任务

通过把杆训练，要求学生认识把杆的作用，在进行组合训练时注意重心的转换，锻炼腿部肌肉力量，重点解决身体的协调性以及灵活性、稳定性和规范性，为把下训练打好扎实的基础。

学习内容

◎ **学习意义**

把杆训练是地面练习的发展,是中间训练的基础,对学生提升身体各部位能力有着举足轻重的影响,所以我们一定要认真重视把杆训练。

◎ **主体内容**

一、把杆知识

1. 把杆

把杆对我们学习舞蹈、做动作有很好的辅助作用,通过扶把训练可以正确找到重心,调整肢体平衡,解决动作稳定性。训练时特别注意不要使劲抓把杆,手轻轻扶把。

2. 扶把

一位站姿面对杆,双手与肩同宽,轻轻搭在把杆上。身体与把杆大概为一脚半的距离,手的肘部刚好在体侧略靠前的位置。（图2-3-1）

图2-3-1 扶把

二、一位擦地

1. 前擦地

一位站姿,单手扶把。向前擦出时,脚后跟内侧先行带动,向前擦出,脚尖留后,擦出至脚后跟脚掌一一离地推起脚背,脚尖不离地外开点地延伸。擦回时,由脚尖外开先行带动擦回,脚后跟留住擦回一位。（图2-3-2）

2. 旁擦地

一位站姿,单手扶把。向旁擦出时,脚后跟内侧向前推,脚尖保持外开向旁擦出,脚后跟、脚掌离地推起脚背,脚尖不离地外开点地并延伸。擦回时,脚后跟内侧依然向前顶住,由脚尖、脚趾、脚掌、脚后跟依次落地擦回一位。（图2-3-3）

3. 后擦地

图2-3-2 前擦地

一位站姿,单手扶把。向后擦出时,脚尖先行带动,保持外开向后擦出,脚后跟、脚掌离地推起脚背,脚尖不离地外开点地并延伸。擦回时,脚后跟内侧先行带动擦回,由脚尖、脚趾、脚掌、脚后跟依次落地擦回一位。（图2-3-4）

图 2-3-3　旁擦地　　　　　　　　　图 2-3-4　后擦地

三、蹲

1. 一位半蹲

一位站姿，双手扶把。下蹲时，膝盖向两侧脚尖方向慢慢下蹲，注意身体像靠墙一样直直下蹲，眼睛平视前方，脚后跟不离地。蹲起时，头向上顶，腿内侧肌肉用力慢慢伸直双腿，回到一位站姿。（图2-3-5）

2. 二位半蹲

二位站姿，双手扶把。重心在两条腿中间，其他规范要领同一位半蹲。（图2-3-6）

图 2-3-5　一位半蹲　　　　　　　　图 2-3-6　二位半蹲

3. 一位全蹲

一位站姿，双手扶把。在一位半蹲的基础上继续下蹲，蹲至臀部不低于膝盖，下蹲时注意膝盖要尽可能向旁打开，蹲至下不去、脚后跟微微离地。起身时脚后跟先踩地再按一位半蹲要领慢慢起身，回到一位站姿。（图2-3-7）

4. 二位全蹲

二位站姿，双手扶把。二位全蹲规范要领同一位全蹲，不同点在于脚后跟一直不需要离地。（图2-3-8）

图 2-3-7　一位全蹲

图 2-3-8　二位全蹲

四、一位小踢腿

1. 前小踢腿

一位站姿，单手扶把。全脚经过前擦地脚尖瞬间推地向前踢起离地面25°并延伸，收回时脚尖带动脚后跟点地，擦地收回。（图2-3-9）

2. 旁小踢腿

一位站姿，单手扶把。全脚经过旁擦地脚尖瞬间推地向旁踢起离地面25°并延伸，收回时脚后跟带动脚尖点地，擦地收回。（图2-3-10）

3. 后小踢腿

一位站姿，单手扶把。全脚经过后擦地脚尖瞬间推地向后踢起离地面25°并延伸，收回时脚后跟带动脚尖点地，擦地收回。（图2-3-11）

图 2-3-9　前小踢腿

图 2-3-10　旁小踢腿

图 2-3-11　后小踢腿

五、腰

1. 前腰

一位站姿，单手扶把。保持小八字位站姿基础上腰椎骨带动上身向下、向前下腰，后背保持挺直，抬头，手保持托掌位。（图2-3-12）

2. 旁腰

一位站姿，单手扶把。保持小八字位站姿基础上向旁下腰，注意外侧腰旁提挑腰，头颈延伸，手臂托掌位。（图2-3-13）

3. 胸腰

一位站姿，双手扶把。保持小八字位站姿基础上脚尖立起，头带动胸部以上慢慢向后下腰，手臂保持托掌位。注意胸椎要往上挑，头颈延伸不要断开，胸以下部位保持直立。（图2-3-14）

图2-3-12　前腰

图2-3-13　旁腰　　　　　　　　　　　图2-3-14　胸腰

六、大踢腿

1. 前大踢腿

单手扶把,小八字位站姿,另一手背手向旁起至山膀准备,动力腿经过前擦地用脚背的力量向额头中迅速踢起,经擦地收回,注意腿脚外开。(图2-3-15)

2. 旁大踢腿

双手扶把,一位站姿,动力腿经过旁擦地用脚背的力量迅速向旁踢起,经擦地收回,注意腿脚外开。(图2-3-16)

3. 后大踢腿

双手扶把,一位站姿,动力腿经过后擦地用脚背的力量迅速向正后方踢起,经擦地收回,注意腿脚外开。(图2-3-17)

图2-3-15 前大踢腿

图2-3-16 旁大踢腿

图2-3-17 后大踢腿

温馨小贴士

在做把杆动作时一定要保持正确的站姿,手不要使劲抓把杆,应该把手轻轻放在把杆上,尽量不要过多依赖把杆,否则到了把下就无法控制身体了。

小踢腿

课后任务

1. 复习上一节内容。
2. 每天都要坚持练习把杆组合，并注意每个动作都要按规范和要求去做。
3. 除了以上练习，平时要多压脚背。

任务评价

评价主体	评价内容	评价效果	备注
教师评价	重心转换	优（　）良（　）中（　）差（　）	
	规范要领	优（　）良（　）中（　）差（　）	
	音乐节奏	优（　）良（　）中（　）差（　）	
	内容掌握	优（　）良（　）中（　）差（　）	
自我评价	节奏准确	优（　）良（　）中（　）差（　）	
	规范要领	优（　）良（　）中（　）差（　）	
	熟练程度	优（　）良（　）中（　）差（　）	
	接受能力	优（　）良（　）中（　）差（　）	

任务四　把下基础训练

学习任务

初步认识把下动作要求及学习的意义，掌握小跳时脚推地绷脚跳起的发力点以及把下蹲的稳定性，以及点步转时重心的转换，踏步翻身以腰为轴手画立圆以及板腰的要领等。

学习内容

◎ **学习意义**

通过把下训练，进一步巩固腰、腿等部位的控制能力，提升身体的稳定性、协调性和灵活性，为展现更美的舞姿、培养舞感打基础。

◎ 主体内容

一、小跳

1. 一位小跳

手叉腰，一位站姿准备。半蹲下压时利用脚背推地的力量向上跳起，绷脚并伸直膝盖，身体保持直立，落地时脚掌先落地，再到脚后跟落地，到半蹲姿态，再双腿夹紧回到一位站姿。注意小跳离开地面就可以，不要跳太高。（图2-4-1）

2. 二位小跳

二位站姿准备，动作要领同一位小跳。（图2-4-2）

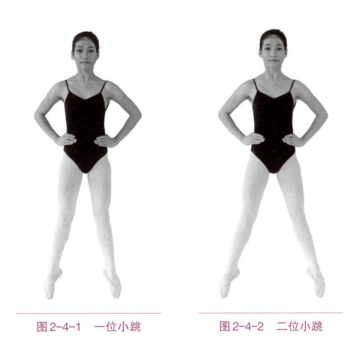

图2-4-1　一位小跳　　　　图2-4-2　二位小跳

二、转

1. 原地转

面对1点，以一条腿为主轴，另一条腿围着主轴点地，原地旋转，要注意留头甩头。

2. 点步转

以一条腿为主轴，另一条腿点地，转时主力腿脚后跟先向前推，动力腿紧跟随点在主力腿的旁边，练习一般分为90°转、180°转。注意每转动一个角度，身体重心要跟上，注意要先甩头。

三、踏步翻身

1. 四分之一踏步翻身

丁字步，背手准备。做动作时，一脚向旁上一步，另一脚后撤呈踏步，右脚尖与左脚尖对齐，背手经过双晃手呈山膀按掌位，上身向前屈膝弯腰90°，打开按掌呈双山膀，手心向下。身体向左（右）翻转90°侧腰，双手呈"1"，头看下方，继续朝左（右）翻转为后板腰，注意腰部要收腹、顶胯、后躺，面对天花板，手心向上，双手呈"一"，重心在两腿中间。继续朝左（右）翻转90°，注意收胯，变反方向侧腰，双手呈"1"，最后再朝左（右）翻转90°，回到原位，转完立圆一圈360°。（图2-4-3）

图2-4-3　踏步翻身

2. 二分之一踏步翻身

动作要领同上，只是每次翻转直接转180°。熟练后直接转360°，转的时候一定要注意留头甩头。

> **温馨小贴士**
>
> 练习要求：这一节要特别注意每个动作的重心转换哦！

踏步翻身

课后任务

1. 练习单一小跳，注意蹲以及脚推地的力量。
2. 转的练习，注意重心稳定以及转换。
3. 练习踏步翻身，要强调手的立圆、双脚碾动和胯的翻转。

任务评价

评价主体	评价内容	评价效果	备注
教师评价	重心稳定	优（ ） 良（ ） 中（ ） 差（ ）	
	规范要领	优（ ） 良（ ） 中（ ） 差（ ）	
	控制能力	优（ ） 良（ ） 中（ ） 差（ ）	
	内容掌握	优（ ） 良（ ） 中（ ） 差（ ）	
自我评价	节奏准确	优（ ） 良（ ） 中（ ） 差（ ）	
	规范要领	优（ ） 良（ ） 中（ ） 差（ ）	
	熟练程度	优（ ） 良（ ） 中（ ） 差（ ）	
	提升程度	优（ ） 良（ ） 中（ ） 差（ ）	

任务五　综合基础训练

学习任务

要求初步认识并掌握身韵最基本的元素，领略古典舞身韵的内涵，学习芭蕾的基本舞姿，了解芭蕾舞与古典舞的区别与联系，并通过综合性的组合训练全方位提升舞感。

◎ 学习意义

通过练习身韵、芭蕾，多方位锻炼身体各部位的舞感和协调性，是基础训练向舞蹈综合表演的重要训练环节，对日后学习舞蹈表演意义重大。

◎ 主体内容

一、身韵

1. 元素

提：要找到闻花香的感觉，气息自丹田提到胸腔后，鼻子继续吸气，微弯的身体从尾椎、腰椎、脊椎、肩椎、颈椎一节一节伸直到头顶继续延伸，视线随之由低到高、由近及远逐渐抬至平视前方。（图2-5-1）

沉：要找到腹部被人打一拳的感觉，也是身体从尾椎、腰椎、脊椎、肩椎、颈椎一节一节下沉，气息缓缓吐出，视线则慢慢由高到低、由远到近，慢慢收回，看向肚脐位置。（图2-5-2）

图2-5-1　提　　　　　图2-5-2　沉

含：含胸为主，过程同"沉"，双肩往里合挤，感觉胸腔收缩，空胸、微含、低头。（图2-5-3）

腆：和"含"相反，提的过程中，肩膀向后掰，胸尽量向前探身，颈部向上延伸，头微仰向前，上身肩、胸完全舒展。（图2-5-4）

图2-5-3　含　　　　　图2-5-4　腆

冲：靠腰的力量上提，用肩膀和胸大肌带动朝2点或8点冲，注意肩膀要和地面平行，上身要正，头、眼朝冲的方向。（图2-5-5）

靠：上提腰向4点或者6点"沉"，感觉前肋收紧，后侧背肌拉长，肩膀依然保持与地面平行，头、眼转向2点或8点。（图2-5-6）

横移：腰的力量上提后肋骨带动向左或向右平移，肩膀与地面平行，头保持不动，看向1点。（图2-5-7）

图2-5-5 冲　　　　　　图2-5-6 靠　　　　　　图2-5-7 横移

2. 元素组合【音乐《茉莉花》2/4】

准备动作　面对1点，左单盘腿燕式坐，双手左肩处小五花盘碗准备，眼看右斜下方。

前奏【3×8】

【1—8】1—4拍保持舞姿吸气，5—8拍微"沉"。

【2—8】绕小五花一次。

【3—8】双胳膊肘部带动手向下沉，双手向2点、8点起手后收至背手位，收右脚为双盘腿坐。

第一段【14×8】

【1—8】【2—8】："提"。

【3—8】【4—8】："沉"。

【5—8】"提"。

【6—8】"沉"。

【7—8】第1拍，快速"提"；2—4拍，提住不动；5—6拍，"沉"。

【8—8】1—6拍，"提"，右手向2点起至斜下位高度；7—8拍，"沉"，收回背手位。

【9—8】1—6拍，"提"，左手向8点起至斜下位高度；7—8拍，"沉"，收回背手位。

【10—8】1—6拍，"提"，双手同时分别向2点、8点起至斜下位高度；7—8拍，"沉"，收回背手位。

【11—8】1—6拍，"提"，双手同时分别向2点、8点起至斜下位高度；7—8拍，"沉"，双手分别轻放于双膝上。

【12—8】1—4拍，"提"；5—8拍，"腆"。

【13—8】1—4拍，"提"；5—8拍，"含"。

【14—8】1—4拍，"提"；5—8拍，"沉"。

间奏【3×8】

【1—8】1—4拍,"提",同时仰身、抬头,双手上举绕小五花;5—8拍,"沉",双手保持盘手位下落。

【2—8】1—4拍,"提",同时仰身、抬头,双手上举反绕小五花;5—8拍,"沉",双手保持盘手位下落。

【3—8】1—4拍,"提",双手同时分别向2点、8点起至斜下位高度;5—8拍,"沉",双手收回原位。

第二段【7×8】

【1—8】1—4拍,"提";5—8拍,向8点"冲"。

【2—8】1—4拍,"提";5—8拍,向4点"靠"。

【3—8】1—4拍,"提";5—8拍,向1点"沉"。

【4—8】1—4拍,"提";5—8拍,向2点"冲"。

【5—8】1—4拍,"提";5—8拍,向6点"靠"。

【6—8】1—4拍,"提";5—8拍,向1点"沉"。

【7—8】1—4拍,"提",双手同时分别向2点、8点起至斜下位高度;7—8拍,"沉",双手收回原位。

间奏【3×8+4】前3个8拍动作同上一个间奏。多出4拍,1—2拍,"提";3—4拍,"沉"。

插奏【4×8】

【1—8】1—4拍,"提",眼随手动,右手旁起至单山膀位;5—6拍,头转1点亮相;7—8拍,手臂不动,身体"沉"。

【2—8】1—4拍,"提",眼随手动,左手旁起至双山膀位;5—6拍,头转1点亮相;7—8拍,双手不动,身体"沉"。

【3—8】1—4拍,"提",双手旁起上举至头上方;5—8拍,仰身、抬头,双手上举绕小五花。

【4—8】1—4拍,"沉",双胳膊肘带手向下沉;5—8拍,双手向2点、8点起手后收至背手位。

第三段【7×8】

【1—8】1—4拍,"提",右手旁起至斜上位;5—8拍,上身向右"横移",手向左划至胸前按掌位,头看1点。

【2—8】1—4拍,"提",胳膊肘不动,提手腕;5—8拍,上身向左"横移",手向旁打开至旁平位,手心向上,头看1点。

【3—8】第1拍,快速重复【1—8】的动作;第2拍,快速重复【2—8】的动作;3—4拍,不动;5—8拍,右手向2点起手后收至背手位,头一直看1点。

【4—8】1—4拍,"提",左手旁起至斜上位;5—8拍,上身向左横移,手向右划至胸前做按掌位,头看1点。

【5—8】1—4拍,"提",胳膊肘不动,提手腕;5—8拍,上身向右横移,手向旁打开至旁平位,手心向上,头看1点。

【6—8】第1拍,快速重复【4—8】的动作;第2拍,快速重复【5—8】的动作;3—4拍,不动;5—8拍,左手向8点起手后收至背手位,头一直看1点。

【7—8】1—4拍,"提",双手同时分别向2点、8点起至斜下位高度;7—8拍,"沉"。

结束【2×8+4】

【1—8】1—8拍，双手旁起至托掌位。

【2—8】1—2拍，保持托掌"提"；3—4拍，保持托掌"沉"；5—8拍，双手绕小五花。

【+4】1—4拍，保持小五花盘手位下落，还原为"准备舞姿"。

3. 圆场步

正步位背手准备，双膝弯曲靠拢，右脚后跟抬起落在另一脚的脚心处，脚后跟先落，同时左脚后跟起，紧接着右脚窝的外沿先着地，左脚掌脚后跟继续抬，右脚掌着地时，左脚抬至垂直于地面，右脚全脚踩地，左脚抬至脚尖点地。两脚要始终在一条直线上，眼睛平视前方，左脚要领同右脚。

二、芭蕾

1. 手型

拇指靠向中指，食指微上抬，其他手指自然弯曲放松。（图2-5-8）

2. 手位

一位：双手下垂于髋前，整个手臂与手呈椭圆形，手心向内，指尖相对一拳之隔。（图2-5-9）

图2-5-8　手型

二位：在一位手基础上，保持形状向上抬到胸下横膈膜处，像抱着一个大西瓜。（图2-5-10）

三位：在二位手基础上，保持形状抬至头的上方略靠前，用余光可以"看"到手指尖。（图2-5-11）

图2-5-9　一位　　　　图2-5-10　二位　　　　图2-5-11　三位

四位：在三位手的基础上，左手保持不动，右手切回到二位。（图2-5-12）

五位：在四位手的基础上，左手保持不动，右手继续向旁打开，注意胳膊肘要圆不可以塌下去。（图2-5-13）

图2-5-12　四位　　　　　　　　图2-5-13　五位

六位：在五位手的基础上，右手保持不动，左手向下切至二位。（图2-5-14）

七位：在六位手的基础上，左手向旁打开，双手臂形成延长的大弧形。（图2-5-15）

图2-5-14　六位　　　　　　　　图2-5-15　七位

3. 脚位

一位：双脚脚跟靠紧，脚尖在正步位基础上分别向外转开90°，脚尖向外，双脚呈"一"字，重心在两脚上。（图2-5-16）

二位：在一位脚的基础上，一脚向旁拉开一脚长度的距离，重心在两脚中间。（图2-5-17）

图2-5-16　一位脚

图2-5-17　二位脚

三位：在一位脚的基础上，一脚后跟挪至另一脚的一半脚心处，脚心到脚后跟处平行重叠。（图2-5-18）

四位：在三位脚的基础上，一脚平行向正前挪至一竖脚的距离。（图2-5-19）

五位：双脚脚尖向外，脚跟对脚尖。完全重叠。（图2-5-20）

图2-5-18　三位脚

图2-5-19　四位脚

图2-5-20　五位脚

三、基训综合组合【音乐《一休》2/4】

温馨小贴士

身韵和芭蕾是截然不同的风格，要严格区分开来，同时两者在舞蹈过程中又有着潜移默化的联系。所以，课后要通过多媒体多看视频，进一步了解身韵与芭蕾，拓展知识面。

综合组合《一休》

课后任务

1. 复习上一节内容。
2. 每天都要坚持练习把杆组合,并注意每个动作都要按规范要求去做。
3. 练习身韵以及芭蕾组合。
4. 看综合组合视频,根据自己的条件以及基本功掌握程度,删减或者增加组合难度,拓展和提升舞蹈技能。

任务评价

评价主体	评价内容	评价效果	备注
教师评价	身韵掌握	优（ ） 良（ ） 中（ ） 差（ ）	
	芭蕾掌握	优（ ） 良（ ） 中（ ） 差（ ）	
	规范要领	优（ ） 良（ ） 中（ ） 差（ ）	
	灵活运用	优（ ） 良（ ） 中（ ） 差（ ）	
自我评价	节奏准确	优（ ） 良（ ） 中（ ） 差（ ）	
	规范要领	优（ ） 良（ ） 中（ ） 差（ ）	
	风格掌握	优（ ） 良（ ） 中（ ） 差（ ）	
	灵活运用	优（ ） 良（ ） 中（ ） 差（ ）	

模块小结

本模块主要通过科学、专业、系统的基本功训练,在有限的时间内最大限度解决学生肢体的局限性,拓展对音乐的理解和认识,以及对舞蹈的感知能力,为今后舞蹈不断提升打下坚实的基础。本模块共设5个任务,每个任务的教学设计都是由易到难、循序渐进。整个模块学习内容难度和量都比较适中,在学习过程中一定要根据要求有计划地训练。

我们常说："一日不练,自己知道;两日不练,老师知道;三日不练,观众知道。"舞蹈同样贵在坚持,特别是基训,学完一定要反复地练习,坚持不懈地练习。希望学生通过不断反复训练,夯实基础,提升舞蹈技能,在学习中"悟"到更多生活智慧,在训练中培养学生坚韧不拔、吃苦耐劳的优秀品质,提升综合素质,成为符合现代社会发展需求的保育工作者。

思考练习

1. 请结合自身谈谈中国古典舞蹈与芭蕾舞蹈的区别,并举例说明。
2. 谈谈基本功或技巧与舞蹈表演之间有何联系。
3. 思考一下,我们应该如何借鉴基本功训练创编出适合保育的表演性舞蹈。

模块三
民族民间舞

模块导读

我国是一个多民族的国家，各民族的文化艺术丰富多样。中国民族民间舞具有突出的民俗特征，地域色彩分明、风味浓郁、形象生动、表现形式多样。

对于幼儿保育专业来说，我们在中国民族民间舞蹈教学中，以学习中国民族风格舞蹈内容为主，加以适合幼儿的民族民间舞蹈组合为辅。在创设的幼儿情境中，通过"学习技巧""易犯错点""教学评价"等路径，以简明、易懂、易学、有效的表述，让学生掌握各民族舞蹈基本动律的要求和要领，并具备体现各种民族民间舞蹈风格的基本能力，在学习中自然、快乐地感受中国各民族民间舞蹈的魅力。

学习目标

知识目标：初步了解和掌握民族民间舞蹈基本动作特点、基本舞步、舞姿造型、动律特点。

能力目标：了解中国民族民间舞蹈文化和传统审美心理，掌握各民族舞蹈形态并能在幼儿舞蹈中运用。

素质目标：拓宽学生的舞蹈眼界，丰富舞蹈知识，提高舞蹈表现和鉴赏素养。

内容结构

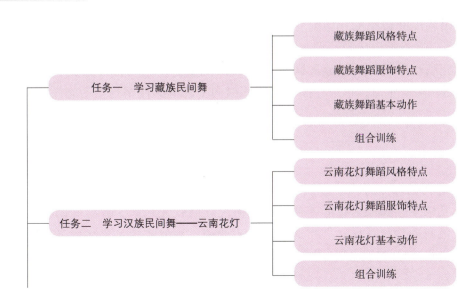

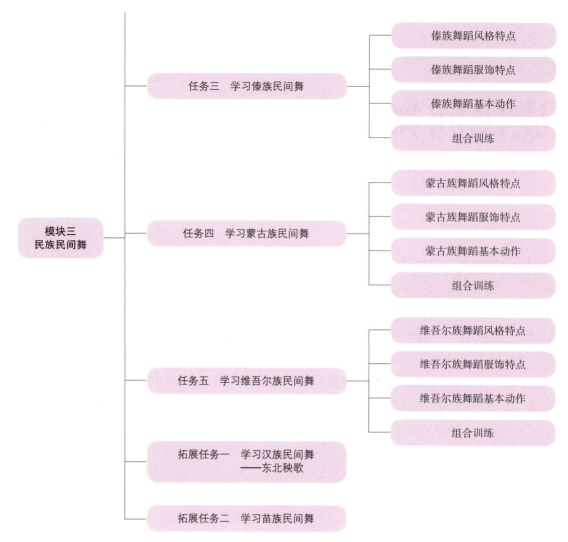

课程思政

第一，了解我国各民族悠久的历史、灿烂的文化，打下良好的人文素养基础，培养热爱祖国、各民族团结友爱的深厚情感。

第二，熟悉各民族民间舞蹈基本技能与美学思想，培养自觉传承和弘扬民族优良文化的意识。

第三，学习民族民间舞蹈的起源与背景，理解舞蹈与生活和劳动的关系，通过体会艺术美中蕴含的劳动之美，培养学生热爱劳动、吃苦耐劳、勇敢向前的优良品质。

第四，通过充满欢乐气氛的民族民间舞蹈课程，使学生体验到青春之美、生命之美，有效激发学生热爱生活、热爱生命，形成充满朝气、积极向上的健康性格与生活态度。

案例导入

经过一段时间的艰苦学习，小美欣喜地发现自己腰、腿已经柔软很多了，人也挺拔了。可是她看见很多学姐经常穿着各种各样不同民族的服装跳舞，有的舞蹈很柔美，有的很帅气，她也很想和学姐一样。老师说，从今天开始，我们将正式开启民族民间舞蹈的探寻与学习之路。收拾好心情，带上你的眼睛和身体，我们一起出发吧！

任务一　学习藏族民间舞

1. 了解藏族舞蹈风格形成的原因及服饰特点。
2. 把握藏族舞蹈"颤""开""顺""左""绕"的风格特征。
3. 掌握颤动、屈伸动律及踢踏舞节奏的特点，熟练、规范地完成藏族舞蹈组合，并能体现一定的童趣。

◎ **学习意义**

通过藏族舞蹈的训练，准确把握藏族舞蹈矫健、端庄、朴实的特殊气质，并对藏族舞蹈文化的深度内涵有所了解。使学生在今后教学创作及舞台表演中能自如运用所学知识，同时提高艺术修养，增强创作力和表现力。

◎ **主体内容**

一、藏族舞蹈风格特点

在我国素称"世界屋脊"的青藏高原上，生活着朴实的藏族人民。藏族特色的历史文化和丰富多彩的民间歌舞艺术，就受到他们特有的地理环境和宗教信仰的影响。藏族舞蹈最常见的风格种类为弦子和踢踏。各类藏舞呈现出共同的特点："颤""顺""开""绕""左"，以及膝部有规律地颤动、屈伸。藏族舞蹈的基本步伐有12种："蹭""踏""拖""点""蹉""踹""刨""踢""跨""掖""扭""吸"。藏族舞蹈的手势有7种："悠""拉""甩""推""绕""扬""升"。

1. 动作特点

弦子：属于藏族里面的慢板，节奏是向上的，身体慢起快落。在跳弦子舞时的审美体验应该是动作柔美、长袖轻拂、舞姿舒展、延绵连贯。

踢踏：属于藏族里面的快板，节奏鲜明、情绪欢快、动作热情、脚下灵活。在肢体的训练中，还应该注意自身对舞蹈本体的肢体体验，从而在心里产生美感效应。

藏族舞蹈动作与日常劳作关系密切，逐渐形成了沉着、平稳的动作特点，具有抚慰心灵、调节情绪的积极作用。

2. 动律特点

弦子的主要动律是屈伸，踢踏的主要动律是颤。颤类动作一是保持有弹性的、小而快、连续不断的颤动，二是起步时多为第一拍以双膝下沉后提起动力腿，支撑腿伸直后又屈。屈伸类动作多属主力腿压起踏落，动力腿撩的动律。

由于藏族人们在高原上背负重物前行，在这过程中会消耗掉大量的力气，发力关节为膝关节。因此，他们的舞蹈中膝关节会有规律地颤动，且相对较为活跃、跳动，这样就能够让观众产生一种颤动感,并随之自由律动,给人一种不紧不慢、有节奏又持续的感觉。

3. 体态特点

舞蹈时上身松弛并略带前倾,身体的髋关节随重心的下懈形成沉稳、凝重的体态特点。

藏族所处的地理环境及社会演变中的政治历史、宗教信仰、民俗民风和劳作方式及服装影响着藏族舞蹈中俯身、下懈、沉稳体态的形成。

二、藏族舞蹈服饰特点

藏族最常使用和备受尊崇的颜色主要有白、蓝、红、黄、绿。蓝色表示蓝天,白色是白云,绿色是江河水,红色是他们信仰的神,黄色象征大地。肥腰、长袖、大襟、右衽、长裙、长靴、编发、金银珠玉饰品等是藏族服饰最基本的特征。

三、藏族舞蹈基本动作

(一)基本体态

1. 自然体态

做法:自然站立,懈胯,微含胸,眼睛平视前方。

2. 坐懈胯

做法:丁字位站立(左脚在右脚弓前),重心在右,做懈腰稍息状。(图3-1-1)

(二)基本脚位

1. 小八字位

做法:正步基础上,双脚尖自然打开。(图3-1-2)

2. 丁字位(以左脚为例)

做法:小八字基础上,左脚放于右脚弓前,两脚距离略打开。(图3-1-3)

图3-1-1 基本体态

图3-1-2 小八字位

图3-1-3 丁字位

(三）基本手型和手位

手型要自然，五指自然合拢，大拇指微微张开。手位有以下5种。

1. 双叉腰

做法：双手自然放于胯上，沉腕，双胳膊向前，可单手做。（图3-1-4）

2. 叉腰单臂袖

做法：右手体旁90°屈臂，自然手型，左手叉腰。（图3-1-5）

3. 平手单臂袖

做法：右手体旁90°屈臂，自然手型，左手于体旁平肩展开，手心朝下。（图3-1-6）

4. 斜上手

做法：双臂斜上方延伸，手心向上，自然手型。（图3-1-7）

5. 斜下手

做法：双臂斜下方打开，手心向前，自然手型。（图3-1-8）

图3-1-4 双叉腰

图3-1-5 叉腰单臂袖

图3-1-6 平手单臂袖

图3-1-7 斜上手

图3-1-8 斜下手

四、组合训练

组合1：藏族踢踏舞《金色的太阳》

（一）学习目标

1. 通过对"颤"动作的练习使学生能初步运用膝关节，在松弛的"颤"动律中把握自然体态，让自然体态贯穿在"颤"的训练中。
2. 通过对基本步的练习，体验藏族踢踏舞自如、松弛的节奏特点。

（二）教学知识点

1. 退踏步

【1—】右脚后撤步，脚掌着地，右前后摆手；【da—】左脚原地踏落；【2—】右脚向前自然踏落，左前后摆手。

2. 第一基本步

左脚冈达（即抬踏，下同）接原地碎踏2次，右前做围腰悠摆手1次。

3. 第二基本步

【1—2】右脚冈达1次接向右横移碎踏2次，左前做围腰悠摆手1次；【3—】向左并脚踏地（双膝略屈），右单臂袖；【da—4】向左横移碎踏3次，双手自然落下。

4. 抬踏步

【da—】右膝微屈将左脚挤出斜前25°，身体转向左斜前方；【1—】右脚冈达，左脚经上弧线自然勾回；【da—】左脚踏落自然位、重心左移，身体正对前方；【2—】右脚丁字步踏落，身体对右斜前方。

| 退踏步 | 第一基本步 | 第二基本步 | 抬踏步 |

（三）学习内容

1. 准备动作

【1—8】面向1点，脚下正步位，双腿并拢自然伸直，双膝松弛，手臂垂直于体旁，保持一个8拍。

2. 组合动作

【1—8】1—2拍退踏步，3—4拍、5—6拍、7—8拍同1—2拍动作。

【2—8】1—2拍转向7点做退踏步，3—4拍转向5点做退踏步，5—6拍转向3点做退踏步，7—8拍转向1点做退踏步。

【3—8】1—2拍第一基本步（左边起），3—4拍第一基本步（右边起），5—6拍动作同1—2拍，7—8拍动作同3—4拍。

【4—8】1—2拍抬踏步（左腿起），3—4拍抬踏步（右腿起），5—6拍抬踏步（左腿起），7—8拍退踏步。

【5—8】1—4拍碎踏步前进，双手从斜下手抬起到斜上手，5—6拍碎踏步后退，斜上手落到

斜下手。

【6—8】1—4拍碎踏步前进，双手从斜下手抬起到斜上手，5—6拍抬踏步（左腿起），7—8拍退踏步。

【7—8】1—2拍左脚在前丁字位，左脚踏2下，手臂自然垂直于体旁，3—4拍换右脚在前丁字位，右脚踏2下，手臂自然垂直于体旁，5—6拍动作同1—2拍，7—8拍动作同3—4拍。

【8—8】1—4拍第二基本步（左边起），5—8拍动作同1—4拍。

【9—8】1—4拍第二基本步（左边起），5—8拍动作同1—4拍。

【10—8】1—2拍退踏步，3—4拍、5—6拍同1—2拍动作，7—8拍抬踏步（左腿起）。

【11—8】动作同上【7—8】。

【12—8】1—4拍碎踏步前进，双手从斜下手抬起到斜上手，5—6拍碎踏步后退，斜上手落到斜下手。

【13—8】1—4拍碎踏步前进，双手从斜下手抬起到斜上手。

3. 结束动作

【14—4】右脚上步，左脚于左前方自然勾落，双抛袖行礼。（图3-1-9）

图3-1-9

《金色的太阳》

踢踏舞组合《金色的太阳》

学习技巧

1. 第一基本步在交替流动完成时，可以半脚掌进行，通常在开法儿阶段作为颤膝的辅助训练。

2. 第一、第二基本步每次倒换重心并左右颤膝。

3. 在完成退踏步时，动作的颤膝须贯穿始终，身体左右微摆，右脚向前踏落时重心置于左脚，忌前后移动。

易犯错点

1. 在踢踏舞部分，完成动作时注意膝盖的松弛，找沉的感觉，重拍在下。

2. 退踏步最后右脚往前落时，重心不要放出去。

3. 踢踏部分的动作落脚时，整个脚掌踏死在地板上，不能前脚掌先落地。

组合2：藏族弦子表演《扎西德勒》

（一）学习目标

1. 初步认识弦子动作优美、韧性的风格特点，掌握膝盖韧性、松弛、延伸的控制能力。
2. 通过三步一撩，进一步深入藏族舞蹈的三步一变的训练，并能达到协调自如的效果。
3. 组合添加了流动性的动作，通过训练学生可在流动中对颤膝进行深入把握，加强动作美感。

（二）教学知识点

1. 平步

准备：自然体态。

做法：在屈伸的基础上，全脚经自然位向前或向后移动、向旁交替迈步。

2. 单靠

准备：自然体态。

做法：【da—】重心左移，双膝松落，右脚自然抬起，向左做懈胯。

【1—】右脚向旁自然迈步，双膝慢伸。

【da—】重心右移，向左勾脚，抬起25°，双屈膝，向右做懈胯。

【2—】向左勾脚下踩靠右脚前，双膝慢伸，向右做懈胯。

单靠

3. 三步一靠

准备：自然体态。

做法：做平步3次、单靠1次，可向前、向旁、向后退。

三步一靠

4. 三步一撩

准备：自然体态。

做法：做平步3次、单撩1次。

提示：做撩时，动力腿勾脚抬、伸直、落地。

三步一撩

（三）学习内容

1. 准备动作

【1—8】1—4拍面向5点方向，自然体态，脚下正步位，双腿并拢自然伸直，双膝松弛，手臂垂于体旁，5—8拍双叉腰手起。

【2—8】1—2拍面向5点方向三步一撩（右脚起），3—4拍面向5点方向三步一撩（左脚起），5—6拍面向3点方向三步一撩（右脚起），7—8拍面向1点方向三步一撩（左脚起）。

【3—8】1—2拍面向1点方向三步一撩（左脚起），向1点方向前进，3—4拍、5—6拍、7—8拍同1—2拍。

2. 组合动作

【1—10】1—2拍面向3点方向，左手经前直臂抬起，上弧线划到后同肩膀平，右手经前抬起到头顶斜上位，脚下三步一撩（左脚起）向7点方向后退，3—4拍同1—2拍动作（右脚起），5—6拍同1—2拍动作（左脚起），7—8拍同1—2拍动作（右脚起），9—10拍右脚上步，双手做斜上手，向右方立转半圈到7点方向。

【2—10】同上1—8拍动作（向3点方向后退），9—10拍面向1点方向做敬礼，右脚上步，左脚于左前方自然勾落，做双抛袖行礼。

【3—8】1—4拍双手左平开手，脚下平步向左转后走，5—8拍左手叉腰，右手做单臂袖，脚

下平步向左转回到1点方向。

【4—8】1—4拍双叉腰面向3点做三步一靠（右脚起），一拍一步走3次平步，第4拍时回到1点方向做单靠。5—8拍做上面动作的反面动作。

【5—8】1—4拍做三步一靠（右脚起），第1拍向身体右侧迈开左脚，打开双臂；第2拍向右侧迈左脚，降低重心，左手沉下，右手臂保持；第3拍迈右脚，经胸前抬起，右手臂保持；第4拍靠左脚，左手臂抬起到头顶，右手臂保持，重心完全升高。5—8拍双叉腰，第5拍左脚向旁迈步，第6拍向左坐懈胯，右脚抬起25°踩于左脚丁字位靠步，第7拍右脚旁迈，第8拍左脚抬起25°踩于右脚前靠步。

【6—8】做【5—8】的反面动作。

【7—8】1—4拍后退做三步一靠（右脚起），一拍一步走3次平步，身体重心朝下，双手臂从右后方平抹到左，第4拍做单靠，重心完全升高，双手臂在左后方沉下。5—8拍做上面动作的反面动作。

【8—8】同上【7—8】。

【9—8】第1拍转向3点，踩左脚，右脚单撩；第2拍踩下右脚，左脚单撩；第3拍转向1点，踩左脚，右脚单撩；第4拍踩下右脚，左脚单撩；第5拍转向7点，踩左脚，右脚单撩；第6拍踩下右脚，左脚单撩；第7拍转向1点，踩左脚，右脚单撩；第8拍停住。

【10—8】1—4拍三步一靠（右脚起），第1拍向身体右侧迈开左脚，打开双臂；第2拍向右侧迈左脚，降低重心，左手沉下，右手臂保持；第3拍迈右脚，经胸前抬起，右手臂保持；第4拍靠左脚，左手臂抬起到头顶，右手臂保持，重心完全升高；5—8拍，第5、6拍向8点方向走2次平步（左脚先）；第7拍左侧迈开左脚，双手拉开；第8拍右脚抬起25°踩于左脚丁字位靠步，右手沉下经胸前抬起到头顶，左手臂保持，重心完全升高。

【11—8】1—2拍，第1拍右脚向右旁迈一步，第2拍左脚抬起25°踩于右脚前靠步。3—4拍，第3拍左脚向左旁迈一步，第4拍右脚抬起25°踩于左脚前靠步。5—6拍，第5拍右脚向右旁迈一步，第6拍左脚抬起25°踩于右脚丁字位靠步。7—8拍，第7拍右脚向左旁迈一步，第8拍右脚抬起25°踩于左脚丁字位靠步。

3.结束动作

【1—4】右脚上步，左脚于左前方自然勾落，双抛袖行礼。

《扎西德勒》

弦子表演
《扎西德勒》

学习技巧

1. 弦子是长而柔韧的，在单靠或长靠的动作中均能体现膝部的韧性延伸。
2. "单靠"体现在动力腿"靠"时韧性下踩。"撩"的动感是从大腿的下沉带动小腿的"撩"。
3. 长而深的吸气、快而重的吐气造成动律特点：快蹲慢起，重拍向上。
4. 平步抬腿，注意向前抬大腿，小腿被动随起。

易犯错点

1. 在弦子部分，膝盖松弛的同时更要强调从屈到伸的韧性。
2. 在做"撩"时腿要屈抬起25°，膝盖不要僵硬。
3. 屈伸是弦子部分的重要环节，强调节奏的重拍。

课后任务

熟练掌握藏族舞蹈动作：掌握藏族基本体态动律、舞姿舞步，能流畅、完整地表演练习组合，体现其正确的风格与特点，并有较好表现力。

任务评价

评价主体	评价内容	评 价 效 果	备 注
教师评价	弦子、踢踏基本步	优（ ） 良（ ） 中（ ） 差（ ）	
	屈伸、颤动律	优（ ） 良（ ） 中（ ） 差（ ）	
	懈胯，微含胸体态	优（ ） 良（ ） 中（ ） 差（ ）	
	表情自然	优（ ） 良（ ） 中（ ） 差（ ）	
	组合完成度	优（ ） 良（ ） 中（ ） 差（ ）	
自我评价	节奏准确	优（ ） 良（ ） 中（ ） 差（ ）	
	形象鲜明	优（ ） 良（ ） 中（ ） 差（ ）	
	动律特点	优（ ） 良（ ） 中（ ） 差（ ）	
	表演自信	优（ ） 良（ ） 中（ ） 差（ ）	

任务二　学习汉族民间舞——云南花灯

学习任务

1. 了解云南花灯舞蹈风格形成的原因及服饰的特点。
2. 掌握云南花灯舞蹈动作特点、形态特征，提高肢体协调能力。
3. 熟练、规范地完成云南花灯的组合表演，促进艺术审美能力的提高。

模块三 民族民间舞

学习内容

◎ **学习意义**

通过云南花灯的学习，使学生掌握云南花灯动律中的屈伸腿、崴胯、小崴的动作和特点，熟练掌握手臂训练中的动作以及基本的扇花技巧，从而进一步了解云南花灯鲜明的风格特征。

◎ **主体内容**

一、云南花灯舞蹈风格特点

云南花灯是在云南汉族地区广为流传的一种民间歌舞，被作为民间舞蹈"社火"的一部分在历史上流传。云南花灯的美感是通过动作中自然平稳地摆动而产生的。舞蹈风格明快、别致、柔美，最有特色的动律动作是"崴"，主要有小崴、正崴、反崴，女性多以小崴为主，男性以反崴为主。"扇花"也是云南花灯舞蹈的一种技艺，它贯穿于整个花灯戏之中，是人物表达情感的重要表演形式。

二、云南花灯舞蹈服饰特点

云南花灯作为汉族民间舞蹈，它的服装与道具具有浓烈的地域性，独特的情景表演中蕴含着优美的艺术性。服饰色彩浓艳、明亮，服装多为上短下长，下装为裤子。袖口和裤口都比较宽。道具为扇子和手绢。较为传统的表演方式是右手执扇，左手携绢。以黄色和橙黄的扇子与手绢居多。现今，云南花灯舞蹈在传统舞蹈文化中加入了更多的现代元素，将传统与现代融会贯通，例如红河州地区的花灯表演舞蹈道具是传统的扇子和烟盒，服饰则更多地融合了现代元素。

三、云南花灯基本动作

（一）基本体态

做法：自然直立，体旁垂手，眼睛平视。

（二）基本脚位

1. 正步

做法：双脚自然并拢，脚尖正对前方。（图3-2-1）

2. 小八字

做法：正步基础上，双脚尖自然外开。（图3-2-2）

3. 踏步

做法：在小八字基础上，右脚向左斜后方撤半步，脚掌撑地，右膝内侧与左膝盖窝相靠。（图3-2-3）

图3-2-1 正步　　图3-2-2 小八字　　图3-2-3 踏步

（三）步伐

1. 小崴

准备：面对1点方向，正步位，双垂手。

【1—】屈双膝，重心在左腿，出左胯。

【2—】屈双膝，重心在右腿，出右胯。在屈伸的同时左右摆胯，重拍屈，动作松弛而连贯。

2. 走场步

准备：面对1点方向，正步位，握扇。

【1—2】膝盖略屈，一拍一步向前、向后或向旁交替进行，膝部松弛。

3. 柔踩步

准备：面对1点方向，小八字步，双垂手。

【da—】原位屈右腿，左腿后勾。

【1—】左脚半脚尖向前上步，右脚同时立半脚尖。

【da—】原位屈左腿，右腿后勾。

【2—】右脚同左脚动作，要做得轻柔、连绵不断，可向前、后退、向旁进行或走十字步。

4. 跟颠步

准备：面对1点方向，小八字步，双叉腰。

【1—2】此动作同柔踩步，只是柔踩步用半脚尖，跟颠步用后跟着地，膝盖带脆劲屈伸。

四、组合训练

组合1：小崴、开扇组合

（一）学习目标

1. 初步掌握小崴的基本动律，尤其膝、胯、腰、肋的松弛性及协调性。

2. 掌握合扇、开扇动作，提高手腕的灵活性。

（二）教学知识点

1. 持扇法：虎口托合扇（右手持扇）

做法：虎口托住扇骨，如同握笔状。（图3-2-4）

图3-2-4 持扇

图3-2-5 握扇

2. 握扇

做法：开扇，手握扇柄。（图3-2-5）

3. 三指捏扇

做法：开扇，拇指、食指和中指捏住扇轴，无名指和小指放松。（图3-2-6）

4. 持巾法（左手持巾）

做法：左手拇指、食指捏住手巾三分之一处，其余两指放松。（图3-2-7）

图3-2-6 三指捏扇

图3-2-7 持巾

5. 小崴

准备：正步、垂手。

做法：重心原地左右移动，双脚随重心外、内沿滚动，双膝自然屈伸，带动胯、腰、肋左右下弧线崴动，重拍向下。

6. 十字步

准备：正步、垂手。

做法：【1—】左脚向右斜上方上步。

　　　【2—】右脚向左斜上方上步。

　　　【3—】左脚向左斜后方撤步。

　　　【4—】右脚向右斜后方撤步。

7. 捻扇

做法：左扇角由里向外松弛地画小圆，保持扇口对左斜上方，在胸前似捻线般地连续捻动，重拍向下。

小崴

十字步　　捻扇

（三）学习内容

1. 准备动作

【1—4】面向1点，正步，垂手，右手虎口托合扇，左手持巾。（图3-2-8）

2. 组合动作

【1—8】1—2拍左起原地小崴，左手背手，右手在身体前左旁起。第1拍重拍在下，第2拍划到右，3—4拍右起原地小崴，左手背手（第3拍右手在身体右旁，重拍在下，第4拍划到左），5—8拍同1—4拍动作。

【2—8】同【1—8】。（右手背手，左手做动作）

【3—8】1—4拍左上步、右并脚做小崴4次（左边先做），做小风摆手4次。5—8拍左后退、右并脚做小崴4次（左边先做），做小风摆手4次。

【4—8】1—4拍左脚上步做十字步，一拍一步。第1拍左脚向右斜前方上步，第2拍右脚向左斜前方上步，第3拍左脚向左斜后方撤步，第4拍右脚向右斜后方撤步。做小风摆手4次。5—8拍左脚上步做十字步，一拍一步。第1拍左脚向右斜前方上步，第2拍右脚向左斜前方上步，第3拍左脚向左斜后方撤步，第4拍右脚向后方撤步并脚，胸前开扇。

图3-2-8　准备动作

【5—8】1—4拍左边起做小崴捻扇，右手于胯前摆手，两拍一次，做两次；5—6拍左边起做小崴捻扇，右手于胯前摆手，一拍一次，做两次；7—8拍左边起做小崴捻扇，右手于胯前摆手，两拍一次，做一次。

【6—8】同【5—8】动作。

【7—8】1—4拍左上步、右并脚做小崴4次（左边先做），胸前抱扇；5—8拍左后退、右并脚做小崴4次（左边先做），胸前抱扇。

【8—8】1—4拍左脚上步做十字步，一拍一步，胸前抱扇。第1拍左脚向右斜前方上步，第2拍右脚向左斜前方上步，第3拍左脚向左斜后方撤步，第4拍右脚向右斜后方撤步。5—8拍左脚上步做十字步，一拍一步，胸前抱扇。第5拍左脚向右斜前方上步，第6拍右脚向左斜前方上步，第7拍左脚向左迈步，第8拍右脚向左方撤步呈踏步蹲。

3. 结束动作

左手平开手，右手头顶反握扇。（图3-2-9）

图3-2-9

《云南花灯音乐1》

小崴组合

学习技巧

1. "小崴"的崴动主要在膝部。
2. 胯的崴动较明显，但也绝不是胯主动，随着步态的大小变化，崴的幅度要大小适中。
3. 原地移动重心，双膝自然屈膝。
4. 初步掌握云南花灯灵活、明快的风格特点。

易犯错点

1. 单一崴的训练，双膝自然屈伸。
2. 单一小崴训练要注意头跟胯要在同一个方向。

组合2：正崴、捻扇、扇花训练组合

（一）学习目标

1. 在正崴、小崴与捻扇开法的基础上，初步解决不同崴与扇花配合的运用能力。
2. 巩固扇花的训练，注意扇花的连续捻动。

（二）教学知识点

1. 正崴

准备：正步、垂手、虎口托合扇。

做法：重心右移，气息松落，屈膝，左脚自然抬起。左脚下踩，从膝盖——胯——腰——肋，挑起左旁腰，头向右倒，大风摆手，目视前方。

2. 正崴柔踩步

准备：正步、垂手、右手虎口托合扇

做法：重心右移，气息松落，半蹲，左大腿自然抬起。双膝有韧性地向上延伸，左脚掌下踩，重心回至双脚。

3. 十字步

准备：正步、垂手。

【1—】左脚向右斜上方上步。

【2—】右脚向左斜上方上步。

【3—】左脚向左斜后方撤步。

【4—】右脚向右斜后方撤步。

4. 正崴捻扇

准备：正步，胸前三指捏扇。

做法：正崴捻扇同小崴捻扇方法相同，但正崴的捻扇重拍在上。

正崴

正崴柔踩步

示范
正崴捻扇

（三）学习内容

1. 准备动作

1—4拍，面向1点，正步，垂手，虎口托合扇。

2. 组合动作

【1—8】1—2拍做正崴，重心右移，气息松落，屈膝，左脚自然抬起。左脚下踩，从膝盖——胯——腰——肋，挑起左旁腰，头向右倒，大风摆手，目视前方。3—4拍做1—2拍的反面动作，5—8拍同1—4拍动作，一拍一次。

【2—8】1—2拍做正崴柔踩步（左脚起），重心右移，气息松落，半蹲，左大腿自然抬起。双膝韧性向上延伸，左脚掌下踩，重心回至双脚；3—4拍做1—2拍的反面动作；5—8拍同1—4拍动作，一拍一次。

【3—8】1—4拍做正崴柔踩步、十字步。第1拍左脚向右斜上方上步，第2拍右脚向左斜上方上步，第3拍左脚向左斜后方撤步，第4拍右脚向右斜后方撤步。5—8拍，第5拍左脚起法儿跳，右脚落于左脚前呈踏步蹲，双手平打开，右手反握扇；第6拍保持舞姿，蹲转一圈回到1点；第7拍左脚旁迈一步站直，右脚旁点地，右手拿扇在头顶反握扇绕一圈；第8拍左手肩前折臂，右手向左胸斜上方抱扇。（图3-2-10）

【4—8】1—2拍做正崴柔踩步（左脚起），大风摆手捻扇，3—4拍做1—2拍的反面动作，5—8拍同1—4拍动作，一拍一次。

【5—8】1—2拍：第1拍做小崴（左脚起），左脚旁迈步，右手头顶捻扇；第2拍，右脚向左旁迈步跟左脚并住，右手于胸前捻扇。3—4拍

图3-2-10

做小崴,小风摆手捻扇,一拍一次,做两次;5—8拍做小崴捻扇横移,往右旁迈步(左脚起),一拍一步,走4次。

【6—8】1—4拍做正崴柔踩步(左脚起),大风摆手捻扇,面向7点方向前进,一拍一步。5—6拍做正崴柔踩步(左脚起),大风摆手捻扇。第5拍向左转,面向5点方向,左脚往左旁迈步。第6拍右脚往左上步并脚。7—8拍正步、垂手、虎口托合扇做小风摆手,原地小崴两次。

【7—8】1—4拍做正崴柔踩步(左脚起),大风摆手,面向5点方向前进,一拍一步。5—8拍做正崴柔踩步(左脚起),大风摆手,向左转身面向1点方向前进,一拍一步。

【8—8】1—4拍正崴柔踩步(左脚起)大风摆手十字步,一拍一步,走4次。5—8拍同1—4拍动作。

【9—8】1—4拍:第1拍,左脚向左迈步,后脚旁点地;第2拍,右手往左斜前方做开扇(图3-2-11);3—4拍,停。5—6拍:第5拍,左手旁平位,右手旁起捻扇一次,经盖手至胸前抱扇;第6拍,重复上述动作。7—8拍右手向右旁起到右肩呈扛扇,左手下沉往右斜前方起手,高度与肩平。

3.结束动作

左手于右斜前方出手,右手扛扇。(图3-2-12)

图3-2-11

图3-2-12

《云南花灯音乐2》

正崴组合

学习技巧

1. 在正崴与小崴的交替变化中,在不同的扇位上进行连续捻扇练习,动作之间要协调配合。
2. 灵活变化扇花的快慢,加强重拍的处理。
3. 正崴的节奏重拍在上,要体现其延续的柔韧感。
4. 正崴是云南花灯女性舞蹈的动律特征之一,小崴讲究有弹性、灵巧,正崴则要有延伸、柔韧。

易犯错点

1. 小崴跟正崴的动律区别，动作的发力点。
2. 小崴跟正崴在做崴动时头方向的摆动。

课后任务

熟练掌握云南花灯的基本体态动律、舞姿舞步，能流畅、完整地表演练习组合，体现其正确的风格与特点，并有较好表现力。

任务评价

评价主体	评价内容	评 价 效 果	备 注
教师评价	崴动律	优（ ） 良（ ） 中（ ） 差（ ）	
	扇花表现	优（ ） 良（ ） 中（ ） 差（ ）	
	表情自然	优（ ） 良（ ） 中（ ） 差（ ）	
	组合完成度	优（ ） 良（ ） 中（ ） 差（ ）	
自我评价	节奏准确	优（ ） 良（ ） 中（ ） 差（ ）	
	形象鲜明	优（ ） 良（ ） 中（ ） 差（ ）	
	动律特点	优（ ） 良（ ） 中（ ） 差（ ）	
	表演自信	优（ ） 良（ ） 中（ ） 差（ ）	

任务三　学习傣族民间舞

学习任务

1. 了解傣族舞蹈风格形成的原因及服饰特点。
2. 把握傣族舞蹈体态。
3. 掌握傣族舞蹈的风格特征——三道弯舞姿。
4. 掌握重拍向下、均匀颤动的舞蹈动作与节奏特点。

学习内容

◎ **学习意义**

通过傣族舞蹈学习，了解傣族舞蹈特有的安详、舒缓的动律特点，体会傣族舞蹈丰富的造型和鲜明的个性，以及浓郁而独特的东南亚民族舞蹈风格。

◎ **主体内容**

一、傣族舞蹈风格特点

傣族是一个古老的民族，主要从事农业劳动，他们聚居在我国云南省的瑞丽、西双版纳、耿马和孟边等地区。傣族民间舞蹈充满着亚热带风情，比较典型的是"孔雀舞""象脚鼓舞""嘎光""依拉贺""嘎甸（蜡条舞）"等。

1. 造型特点："三道弯""一顺边"

傣族舞蹈优美恬静，感情内在含蓄，手的动作丰富，四肢及躯干各关节都要求弯曲，舞姿富于雕塑感，形成特有的"三道弯"造型。"三道弯"与"一顺边"两者融合后形成的体态，就是傣族特色的舞蹈造型。

傣族舞蹈中的"三道弯"和手臂关节的弯曲的渊源是古代百越人的蛇鸟图腾崇拜和对水的深切感情。"一顺边"的美，则源于平常的劳动生活，手与脚同出一侧而形成"一顺边"的特点。"三道弯"与"一顺边"两者融合后形成的体态则体现了动物与人类和谐相处的完美景象。

2. 动作特点：勾踢脚，快起慢蹲，快踢慢落

傣族人的身高普遍偏低，体形较小，属于娇小玲珑型，生活中喜欢穿一种筒裙，高齐腰，紧紧裹着下身，这就形成了傣族舞蹈风格突出的步伐动作特点。

3. 呼吸与动律特点：快吸慢呼，快起慢蹲，快踢慢落

傣族人民平和、善良的性格和独特的审美心理、舞蹈动作和表演中安详、舒缓的动律，源于傣族人民不同程度地保存着原始崇拜和万物有灵的观念，以及农耕文化"天人合一"的思想，他们对自然界充满亲切感，人与人之间相处和谐、融洽。

二、傣族舞蹈服饰特点

傣族男子一般用青色布包头，有的戴毛呢礼帽，上身为无领对襟或大襟小袖短衫，下着宽腰无兜长裤，多用白色。天寒时喜披毛毯，四季常赤足。傣族女子上身着不同颜色紧身衣，外套为浅色大襟或对襟窄袖衫，下身着花色筒裙，裙上织有各种图纹，傣族女子喜挽髻，在发髻上斜插梳子、簪或用鲜花作装饰。

三、傣族舞蹈基本动作

（一）基本体态

1. 自然体态

做法：自然站立，气息下沉，眼睛平视。

2. 三道弯体态

（1）顺倒三道弯

做法：上身与头向左顺倒，下颌微收，目视右侧。（图3-3-1）

（2）横向三道弯

做法：收胯翘臀，上身前倾，挺胸、后卷、压腰。（图3-3-2）

（3）逆倒三道弯

做法：上身向右平移，头部放松，目视左侧。（图3-3-3）

图3-3-1 顺倒三道弯

图3-3-2 横向三道弯

图3-3-3 逆倒三道弯

（二）基本脚位

1. 正步

做法：双脚自然并拢，脚尖对前方。（3-3-4）

2. 小八字

做法：在正步位基础上，双脚尖自然外开。（图3-3-5）

3. 大八字

做法：在小八字基础上，一脚向旁迈出约一脚距离。（图3-3-6）

4. 踏步

做法：在小八字基础上，右脚向左斜后方撤半步，脚掌点地，双膝内侧相靠，后面膝盖顶着前面膝盖。（图3-3-7）

5. 丁字步

做法：在小八字步基础上，左脚放于右脚弓前约一拳距离。（图3-3-8）

3-3-4 正步

图 3-3-5　小八字　　　图 3-3-6　大八字　　　图 3-3-7　踏步　　　图 3-3-8　丁字步

（三）基本手型

1. 掌

做法：食指、中指、无名指、小指指根下压，自然平伸，虎口打开，拇指内扣。（图 3-3-9）

2. 孔雀手

做法：在掌的基础上，食指第二关节处自然前屈，中指、无名指、小指自然并拢。（图 3-3-10）

3. 孔雀嘴

做法：在孔雀手的基础上，食指尖与拇指相合，向远处延伸。（图 3-3-11）

4. 半握拳

做法：拇指打开，其余四指指根内扣，呈半握拳状。（图 3-3-12）

图 3-3-9　掌　　　　　　　　　　　　图 3-3-10　孔雀手

图 3-3-11　孔雀嘴　　　　　　　　　图 3-3-12　半握拳

（四）手位

1. 胯前叉手

做法：双手按掌叉于大腿根处。（图 3-3-13）

2. 体前拎腕

做法：双手于体前拎腕，手背相对，相约一拳距离，手臂呈三道弯。（图3-3-14）

3. 顶上拎腕

做法：双臂于头顶上方约两拳距离拎腕，呈三道弯。（图3-3-15）

4. 斜上拎腕

做法：双臂自然伸直于斜上拎腕。（图3-3-16）

5. 平开立掌

做法：手平开，自然平伸立掌，手臂齐肩平。（图3-3-17）

6. 胸前交叉立掌

做法：双手于胸前交叉立掌。（图3-3-18）

图3-3-13　胯前叉手

图3-3-14　体前拎腕

图3-3-15　顶上拎腕

图3-3-16　斜上拎腕

图3-3-17　平开立掌

图3-3-18　胸前交叉立掌

7. 点肘侧提腕

做法：一手于体斜前侧提胸，一手立掌，手指点于另一手肘部。（图3-3-19）

8. 望月手

做法：双手虎口相对于体前斜上方圈回。（图3-3-20）

图3-3-19　点肘侧提腕　　　　　　图3-3-20　望月手

（五）手臂动作

1. 准备手

做法：双手体旁提气，同时架双肘。收肘，双手腕部落于腰处，半握拳。

2. 单展翅推拉手

做法：一手在胯旁交叉的基础上，向旁打开约一拳距离，肘旁按掌，一手于体旁斜下方垂肘立掌。（图3-3-21）

图3-3-21　单展翅推拉手

3. 顶上掸手

做法：双手经体前屈臂，手指带动于顶上掸出。（图3-3-22）

（六）动律

1. 正步跪蹲起伏动律

做法：气息带动上提，气息带动下沉，臀部虚落回。

2. 横摆动律

做法：在起伏动律的基础上，胯部带动下弧线横摆，身体随之自然摆动，头部放松。

正步跪蹲起伏动律

横摆动律

图3-3-22 顶上掸手

四、组合训练

组合1：起伏动律与舞姿训练《傣族姑娘》

（一）学习目标

1. 初步掌握以下肢为主的基本体态、动律及步伐。
2. 体现傣族舞蹈含蓄、动静相合、刚柔相济的风格特点。

（二）学习内容

1. 准备动作

【1—8】正步位，面向1点方向。

【2—8】右脚跟落后单跪，左脚撤成双腿正步跪蹲，手位：准备手。

2. 组合动作

【1—8】1—2拍，准备手；3—4拍，胸前拎腕（图3-3-23）；5—6拍，准备手；7—8拍，斜上位拎腕。

【2—8】1—2拍，准备手；3—4拍，单展翅（右）；5—6拍，准备手；7—8拍，单展翅（左）。

【3—8】1—2拍，准备手；3—4拍，体前拎腕；5—6拍，准备手；7—8拍，胸前拎腕。

【4—8】1—2拍，准备手；3—4拍，点肘侧提腕（左）；5—6拍，准备手；7—8拍，点肘侧提腕（右）。

【5—8】1—2拍，准备手；3—4拍，望月手（右）；5—8拍，停住。

图3-3-23

【6—8】1—2拍，准备手；3—4拍，望月手（左）；5—8拍，停住。

【7—8】1—4拍，双臂于胸前立掌推开，平开、自然平身立掌，手臂齐肩平，形成平开立掌；5—6拍，向右胸前交叉立掌；7—8拍，回到1点胸前交叉立掌。

【8—8】1—4拍，双臂于胸前立掌推开，平开、自然平身立掌，手臂齐肩平，形成平开立掌；5—6拍，向左胸前交叉立掌；7—8拍，回到1点方向于胸前交叉立掌。

【9—8】1—6拍，顶上掸手，双手经体前屈臂，手指带动从顶上掸出，慢慢向下；7—8拍于胯旁叉手。

【10—8】正步跪蹲起伏动律，4拍起4拍落下。

【11—8】正步跪蹲起伏动律，两拍一次，重拍在下，做4次。

【12—8】1—2拍起伏动律1次；3—4拍横摆动律一次（向右）；5—6拍起伏动律一次；7—8拍横摆动律一次（向左）。

【13—8】1—4拍单展翅推拉手；5—8拍同1—4拍。

【14—8】1—4拍半握拳平开推手（图3-3-24）；5—8拍逆倒三道弯。

3.结束动作

逆倒三道弯。

图3-3-24

《傣族姑娘》

起伏动律与舞姿训练

学习技巧

1.动力腿蹲起时要松、灵、巧。
2.气息要带动起伏动律。

易犯错点

1.步伐是下长上短。
2.注意前、后、旁起伏步的练习。

组合2：傣族步伐、手位综合训练组合《彩云之南》

（一）学习目标

1. 手与步伐相结合的综合性组合，在快节奏下，上下身的协调配合及快速形成三道弯体态。
2. 通过动作节奏的丰富变化，进一步体现傣族女子开朗、洒脱、柔媚的性格特征。

（二）教学知识点

1. 起伏步

做法：8— 双膝略蹲。

da— 动力腿勾脚向臀部甩起后自然下落。

1— 做8的反面动作。

2. 前点起伏步

做法：1— 左脚向前或后做起伏步一次。

da— 右腿后甩。

1— 落前点地略蹲。

3. 旁点起伏步

做法：1— 右脚向斜前或斜后方做起伏步一次，同时经下弧线移重心至主力腿，从小腿至头顶呈大半圆形。

da— 左脚后甩。

2— 落旁点地略蹲。

4. 平步

做法：脚下动作同起伏步，膝盖起伏较小，在保持平衡的同时配合摆胯。

起伏步　　前点起伏步

旁点起伏步　　平步

（三）学习内容

1. 准备动作

面向1点方向做逆倒三道弯。

2. 组合动作

【1—8】停住造型。

【2—8】1—2拍双膝略蹲，准备手；3—4拍，左脚前点地，做逆倒三道弯；5—8拍，做1—4拍反面动作。

【3—8】1—4拍：1—2拍双膝略蹲，准备手；3—4拍，左脚旁点地做顶上拎腕。5—8拍做1—4拍的反面动作。

【4—8】1—2拍双膝略蹲，准备手；3—4拍，左脚旁点地，右手做头顶拎腕，左手平开架肘拎腕（图3-3-25）；5—8拍，做1—4拍的反面动作。

【5—8】平步，两拍一步（左脚先），同时左转身到5点方向。双手于体后扣腕，双手经下弧线下铲至平肩立掌。

【6—8】同【5—8】动作，平步向5点方向前进做动作。

【7—8】1—4拍单展翅推拉手，脚下平步。1—2拍，左旁撤左脚，右手以肘沿身体后拉，手腕至腰旁，左手胯旁按掌；3—4

图3-3-25

拍，右手以手背横向向右斜前方推出，肘心向上，左手于体旁架肘、半握掌，向右斜前方推出。5—8拍同1—4拍动作。

【8—8】1—4拍同上面1—4拍动作。5—8拍左转身，左脚向左转上步，右脚向2点方向上步，左脚旁点地。双手经体前屈臂，手指带动从顶上掸出。

【1—4】单展翅向左转一圈回到1点方向。

【9—8】1—2拍左脚上步，右脚上步（一拍一步），配合体前翻盖手，右手到左手。3—4拍左脚旁撤一步，右脚旁点，左手胯旁按掌，右旁前翻掌。5—8拍同1—4拍动作。

【10—8】1—2拍背向3点撤左脚，再撤右脚（一拍一步）点地，右手胯旁按掌，左手体前提腕，面向7点方向，呈横向三道弯。3—4拍保持舞姿起伏两次。5—6拍右脚往左方向横上步，左脚旁撤步点地，准备手起右手于头顶拎腕，左手平开、架肘、拎腕。7—8拍，停住。

【11—8】1—4拍颤动三下，1—2拍左脚上步，右脚上步（一拍一步），配合体前翻盖手，从右手到左手。3—4拍左脚旁撤一步，右脚旁点，左手胯旁按掌，右旁前翻掌。

【12—8】1—4拍面向8点方向平步后退（左脚先，一拍一步），走三步停一拍，配合体前推拉手。5—8拍，面对2点方向，动作同上1—4拍。

【13—8】1—2拍左脚向右上步，左脚屈膝点地，顶左胯。左手胯旁按掌，右手侧旁立掌。头看左旁。3—4拍停住。5—8拍单展翅向左转一圈回到1点方向。

【14—8】1—4拍：第1拍双膝略蹲，准备手；第2拍左脚前点地，做逆倒三道弯；3—4做1—2拍的反面动作。5—8拍：5—6拍双膝略蹲，准备手，左脚旁点地，做顶上拎腕；7—8拍做5—6拍反面动作。

【15—8】第1拍准备手，双腿屈膝；第2拍左脚旁点，右手胯旁按掌，左手于斜前立掌，呈单展翅；3—4拍做1—2拍的反面动作。5—8拍平步，一拍一步（右脚先），面向2点方向。双手于体后扣腕，双手经下弧线下铲至平肩立掌。

【16—8】1—4拍左脚往2点方向上步，呈踏步。双手经体前屈臂，手指带动于顶上掸出。5—6拍右脚旁点出，顶左胯。双手按掌于大腿根处，呈胯前叉手，头看向左。7—8拍，起伏两次。

3. 结束动作

第1拍准备手，双腿屈膝。第2拍左脚旁点，右手头顶拎腕，左手于旁平位拎腕，头看向右。

《彩云之南》

傣族步伐、手位综合训练组合

学习技巧

1. 在完成手臂动作时，注意气息的配合、手臂与步伐的配合。
2. 完成舞姿的同时动作上要有一个延续，体现傣族女子外柔内刚的性格。
3. 脚下步伐与手臂动作的配合，动作要流畅、自如。
4. 配合手臂动作，加强平步的练习。

易犯错点

1. 手臂动作很容易出现伸直。
2. 在做动律的时候，脚下不够稳，容易做成飘起来的动作。

课后任务

熟练掌握傣族基本体态动律、舞姿舞步，能流畅完整表演练习组合，体现其正确的风格与特点，并有较好表现力。

任务评价

评价主体	评价内容	评价效果	备注
教师评价	步伐、手位动作到位	优（ ） 良（ ） 中（ ） 差（ ）	
	"三道弯"造型	优（ ） 良（ ） 中（ ） 差（ ）	
	"一顺边"、起伏动律	优（ ） 良（ ） 中（ ） 差（ ）	
	表情自然	优（ ） 良（ ） 中（ ） 差（ ）	
	组合完成度	优（ ） 良（ ） 中（ ） 差（ ）	
	步伐、手位动作到位	优（ ） 良（ ） 中（ ） 差（ ）	
自我评价	节奏准确	优（ ） 良（ ） 中（ ） 差（ ）	
	形象鲜明	优（ ） 良（ ） 中（ ） 差（ ）	
	动律特点	优（ ） 良（ ） 中（ ） 差（ ）	
	表演自信	优（ ） 良（ ） 中（ ） 差（ ）	

任务四　学习蒙古族民间舞

学习任务

1. 了解蒙古族舞蹈风格形成的原因及服饰特点。
2. 掌握蒙古族舞蹈的节奏、呼吸、体态特点。
3. 把握蒙古族民间舞豪迈有力、气息宽阔、感情深沉、草原特色浓郁的风格。
4. 在掌握蒙古族民间舞特点的基础上加以运用。

◎ **学习意义**

通过掌握蒙古族舞蹈的基本动作要领,感受其柔韧、刚健、彪悍之美的特点,深刻体会蒙古族民间舞在情感、形态、发力中体现的"圆形、圆线、圆韵"的东方思维概念。同时,也为儿童舞蹈提供了丰富的素材。

◎ **主体内容**

一、蒙古族舞蹈风格特点

生活在马背上、游牧在大草原的蒙古族人民,自古以来就以能骑善射、能歌善舞著称。牧人们独特的生活、美好的情感都被蒙古族人民用歌声和舞蹈表现了出来,快乐了就骑马、摔跤,高兴了就唱歌、跳舞。蒙古族舞蹈大体分为民间舞蹈、宗教舞蹈、宫廷舞蹈三类。民间舞蹈包括劳动舞蹈、风俗舞蹈、礼仪舞蹈等;宗教舞蹈包括萨满舞蹈、佛教舞蹈;宫廷舞蹈包括大型宫廷舞蹈、小型宫廷舞蹈、宫廷礼仪舞蹈。

蒙古族民间舞蹈非常强调身体主要部分(脚、膝、腰、胸、手、肩、头、眼)的配合及统一运用,具有粗犷、剽悍、质朴、庄重的鲜明特点,舞蹈时热情奔放,洋溢着大自然的勃勃生机。豪迈、奔放、洒脱、不羁的豪放感常在男子舞蹈中体现,端庄、大气、沉稳、厚重的美感则凸显在女子舞蹈中。

1. 节奏特点:节奏明快,舞步轻捷

蒙古族人民的纯朴、热情、勇敢、粗犷和剽悍在一挥手、一扬鞭、一跳跃之间,他们开朗豁达的性格和豪放英武的气质,也就形成了特定的舞蹈节奏风格,并具有强烈的民族特色。

2. 呼吸特点:快吸慢呼

蒙古族人民形象健壮,生活环境辽阔,这在慢吐气的呼吸特点中有所体现。

3. 体态特点:后靠、横抻

蒙古族曾经的英雄历史及"马背民族"的彪悍性格,可以通过蒙古族舞蹈后靠、横抻的体态来表现。

二、蒙古族舞蹈服饰特点

作为草原民族,为了便于鞍马骑乘,蒙古族服饰多以袍服为主。长袍、腰带、靴子、首饰是蒙古族人民的主要服饰,蒙古袍是蒙古族服装的统称,但每个地区在样式上还是有些区别的。一般来讲,男女长袍下摆均不开衩,长袍身端肥大,袖长,多红、黄、深蓝色,腰带多用绸缎。冬装多为光板皮衣,也有绸缎、棉布衣面的,夏装多为布类。

三、蒙古族舞蹈基本动作

（一）脚位

1. 正步

做法：双脚自然并拢，脚尖正对前方。（图3-4-2）

2. 小八字

做法：脚跟并拢，脚尖自然外开，呈"八"字形。（图3-4-3）

3. 大八字

做法：在小八字基础上，让双脚相距约一脚距离。（图3-4-4）

4. 踏步

做法：在小八字基础上，右脚向左斜后方向撤半步，前脚掌撑地，双膝内侧相靠。（图3-4-5）

5. 虚丁步

做法：双脚右前左后，右前脚尖点地，重心后靠，双膝略屈。（图3-4-6）

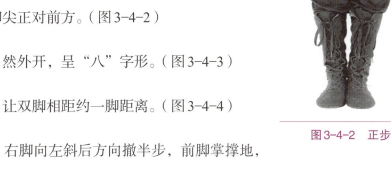

图3-4-2　正步

图3-4-3　小八字　　　图3-4-4　大八字　　　图3-4-5　踏步　　　图3-4-6　虚丁步

（二）手位

1. 胯前按手

做法：双手在胯前按手，指尖相对，呈圆弧形。（图3-4-7）

2. 体前斜下手

做法：双手于体前斜下方平伸，与肩同宽。（图3-4-8）

3. 体前侧斜下手

做法：双手于体前侧斜下方平伸。（图3-4-9）

4. 胸前按手

做法：双手在胸前按手，指尖相对，呈圆弧形。（图3-4-10）

5. 平开手

做法：双手向体旁平伸，手臂略呈圆弧形。（3-4-11）

6. 斜上手

做法：双手向体侧斜上方平伸。

7. 肩前折臂

做法：双折臂至肩前，双肘与肩平，自然按掌。（图3-4-12）

8. 点肩折臂

做法：双折臂与肩平，中指点肩。（图3-4-13）

图3-4-7　胯前按手

图3-4-8 体前斜下手

图3-4-9 体前侧斜下位

3-4-10 胸前按手

图3-4-11 平开手

图3-4-12 肩前折臂

图3-4-13 点肩折臂

四、组合训练

组合1：蒙古族基本体态、脚位、手位训练组合
《我是草原小牧民》

（一）学习目标

1. 根据基本手型、手位区分不同民族舞蹈风格。
2. 初步掌握蒙古族舞蹈的自然体态、脚位、手型、手位。

模块三　民族民间舞

（二）学习内容

1. 准备动作

【1—10】面向1点，小八字步，胯前按手，双手压腕，指尖相对，掌心向下，放于胯前，上身靠后，下巴稍稍上扬。

2. 组合动作

【1—8】1—4拍双手指尖向前，提腕；5—8拍双手压腕移至身体两侧，指尖向外，提腕。

【2—8】1—4拍双手压腕抬至与肩平行，指尖向外，掌心向下，提腕；5—8拍双手压腕抬至胸前，指尖相对，掌心向下，提腕。

【3—8】1—4拍右脚向斜前方跨出，呈弓箭步，并脚跟提起向前顶。右手压腕于胸前位置不变，左手压腕拉至左胸旁，与肩平行，提腕；5—8拍左脚向前跨步，右脚垫脚，重心靠前，双手压腕从身体两侧抬至斜上方，指尖向外，掌心向下，提腕。（图3-4-14）

图3-4-14

【4—8】1—4拍身体半蹲，重心靠后，左脚脚尖点地，双手动作同【3—8】5—6拍左脚向左边跨步，右脚踮脚脚尖向右，双手压腕至身体两侧，与肩平行，提腕，7—8拍右脚撤至左脚后，踮脚，双手压腕至胸前，掌心向下，指尖相对，提腕。

【5—8】1—4拍做【4—8】5—8拍的反面动作。5—8拍同【4—8】5—8拍动作。

【6—8】1—2拍同【3—8】1—4拍动作，方向一样；3—4拍同【3—8】1—4拍动作，方向相反；5—6拍同【1—8】1—4拍动作；7—8拍同【2—8】5—8拍动作。

【7—8】1—4拍左脚向左前方跨步，右脚踮脚，双手从胯前、身体两侧斜下方分别提压腕；5—8拍右脚绕到前方跨步，左脚踮脚，双手从身体两侧抬至与肩平行，于身体斜上方分别提压腕。

【8—8】1—4拍双手在胸前提压腕；5—6拍双手在胯前提压腕；7—8拍双手在身体两侧旁斜下位提压腕。

图3-4-15

【9—8】1—4拍双手从身体两侧抬至与肩平行提压腕；5—8拍同【8—8】1—4拍动作。

【10—8】1—4拍右脚向左8点方向跨步，呈弓箭步，左脚垫脚，双手在胯前提压腕；5—8拍右脚向左8点方向跨步，呈弓箭步，左脚垫脚，双手在胸前提压腕。

【11—8】1—2拍左脚向1点方向跨步，右脚垫脚，双手在胸前提压腕；3—4拍右脚向2点方向跨步，起脚跟向前顶，呈弓箭步，双手从身体两侧打开至与肩平行，指尖向外提压腕；5—6拍右脚收回呈小八字位，双手在胸前提压腕；7—8拍动作同【3—4】拍，方向相反。（图3-4-15）

【12—8】1—4拍双脚交替步，左脚向2点方向跨步，右脚垫脚，双手在胯前提压腕，指尖相对，掌心向下；5—8拍动作同1—4拍，方向相反。

【13—8】1—4拍身体半蹲，重心靠后，右脚

点地，双手从身体两侧抬至斜上方，提压腕；5—6拍右脚上前并脚，双手搭肩，旋转一圈；7—8拍左脚向2点方向跨步，呈弓箭步，右脚垫脚，右手抬至胸前，左手从身体左侧抬至与肩平行提腕。

3. 结束动作

弓步，右胸前左平开手，目视8点方向斜上方。（图3-4-16）

图3-4-16

《我是草原小牧民》

蒙古族基本体态、脚位、手位训练组合

学习技巧

1. 基本体态是精神气质的表现，注意做到立腰、靠背、敞胸、沉肩、押肘。
2. 肩、臂、手、腕为主要丰富动作，对蒙古族舞蹈而言，手型、手位的基础更为重要。
3. 注意基本脚位、手位，加强体态练习。
4. 注意蒙古族体态的开法儿。

易犯错点

1. 蒙古族舞蹈的体态要挺拔、端庄，气息要沉稳。
2. 重心移动和单一动作的连接。

组合2：蒙古族肩、硬腕训练
《我从草原走来》

（一）学习目标

1. 注意肩部与步伐的配合，提高上、下的协调配合能力。
2. 掌握动作力度、幅度的变化及与脚下动作的配合。

（二）教学知识点

1. 点踏步

做法：在踏步上，双脚前后或后前交替踏点。

点踏步

2. 平步

做法：双脚经踏步平行移动。

3. 趟步

做法：同平步，步伐略大。

4. 垫步

做法：在踏步的基础上，迈、垫、迈。

5. 硬肩

做法：双肩向前交错，铿锵有力。

6. 双硬肩

做法：同硬肩，动作幅度一小一大，小幅度动作带弹性，大幅度动作带停顿。

7. 耸肩

做法：肩上下耸动，重拍在上。

8. 硬腕

做法：腕部带动上下提压，脆而小，可单、可双，交替进行。

垫步

硬肩

双硬肩

耸肩

硬腕

（三）学习内容

1. 准备动作

【1—8】1—4拍右脚踏脚，重心向前，左脚大八字位，双手四指握紧，大拇指跷起，虎口处卡于腰间；5—6拍保持准备动作不动；第7拍双手摊开，右脚向3点方向迈步；第8拍右脚踏脚，重心向前，左脚大八字位，双手四指握紧，大拇指跷起，虎口处卡于腰间。

2. 组合动作

【1—8】左脚向7点方向跨步，右脚脚尖点地，双手跟准备动作一样，做硬肩两次。

【2—8】身体动作同【1—8】，方向相反。

【3—8】1—4拍左脚向1点方向跨步，双脚膝盖弯曲，右脚垫脚，上身向前倾，双手跟准备动作一样，做硬肩两次，5—8拍左脚撤后，垫脚，身体靠后，双手同准备动作，做硬肩两次。

【4—8】动作同【3—8】。

【5—8】【6—8】身体从左边绕圈，双脚交替向前，双手动作同准备动作，做硬肩两次。

【7—8】左脚向7点方向跨步，右脚脚尖点地，耸肩两次。

【8—8】做【6—8】的反向动作。

【9—8】【10—8】动作同【3—8】。

【11—8】向3点方向，左脚在前做横错步，手部动作同准备动作，做硬肩两次。

【12—8】向7点方向，右脚在前做横错步，手部动作同准备动作，做硬肩两次。

【13—8】【14—8】动作同【3—8】，方向对8点方向。

【15—8】【16—8】做【5—8】的反向动作。

【17—8】左脚向2点方向迈步，呈弓箭步，右脚垫脚，双手在胯前，指尖相对，交替提压腕。

【18—8】右脚从后往前向8点方向迈步，呈弓箭步，左脚垫脚，双手在胯前，指尖相对，交替提压腕。

【19—8】左脚往前呈小八字位，右脚踏脚，双手从身体两侧打开，与肩平行，指尖向外，交替提压腕。（图3-4-17）

【20—8】身体从右边转身,向后走4步,双手从身体两侧打开,与肩平行,指尖向外,交替提压腕。

【21—8】【22—8】身体从左边转身,向前走4步,双手抬到身体斜上方,指尖向上,手腕相对,提压腕。(图3-4-18)

【23—8】动作同【17—8】。

【24—8】动作同【18—8】。

图3-4-17　　　　　　　　　图3-4-18　　　　　　　　　图3-4-19

【25—8】1—4拍左脚向8点方向迈步,右手从身体右侧抬至头顶提腕,左手拉到身体左侧向下压腕;5—8拍脚呈大踏步位,右手抬至胸前,左手从身体左侧抬至与肩平行。(图3-4-19)

【26—8】在【25—8】动作基础上,双手交替提压腕。

【27—8】动作同【25—8】。

【28—8】动作同【26—8】。

【29—8】左脚向1点方向跨步,双脚膝盖弯曲,右脚垫脚,上身向前倾,双手抬至胸前,指尖相对,交替提手腕。

【30—8】双脚保持前后位置,双脚膝盖弯曲,重心靠后,身体后靠,左脚垫脚,双手抬至胸前,指尖相对,交替提手腕。

【31—8】【32—8】1—4拍从左边向后转身,走步绕圈,双手在胸前,指尖相对,交替提手腕;5—8拍动作同【25—8】。

3.结束动作

弓步,于右胸前做折臂,于左斜上方做平手。

《我从草原走来》

蒙古族肩、硬腕训练

模块三　民族民间舞

学习技巧

1. 注意单一动作的开法儿、组合中肩与步伐的协调训练。
2. 肩部动作要沉肩、松弛，区别不同肩部动作的不同节奏。
3. 从肩部的动作，可以体味蒙古族人民的个性内在、含蓄、沉稳。
4. 解决肩部的僵硬问题，使之更加灵活、松弛，提高身体局部的支配能力。

易犯错点

1. 腕部动作时忌手指主动，应配合好步伐的运用。
2. 腕部的动作要灵活、轻巧，主要训练小关节。

课后任务

熟练掌握蒙古族基本体态动律、舞姿舞步，能流畅完整表演练习组合，体现其正确的风格与特点，并有较好表现力。

任务评价

评价主体	评价内容	评价效果	备注
教师评价	肩、腕动作到位	优（　）良（　）中（　）差（　）	
	舞步轻捷	优（　）良（　）中（　）差（　）	
	快吸慢呼	优（　）良（　）中（　）差（　）	
	后靠、横拧体态	优（　）良（　）中（　）差（　）	
	表情自然	优（　）良（　）中（　）差（　）	
	组合完成度	优（　）良（　）中（　）差（　）	
自我评价	节奏准确	优（　）良（　）中（　）差（　）	
	形象鲜明	优（　）良（　）中（　）差（　）	
	动律特点	优（　）良（　）中（　）差（　）	
	表演自信	优（　）良（　）中（　）差（　）	

任务五　学习维吾尔族民间舞

学习任务

1. 了解维吾尔族舞蹈风格形成的原因及服饰特点。
2. 掌握维吾尔族舞蹈"挺而不僵、颤而不窜、脚下不离散、上身洒得开"的动作特征。
3. 准确地掌握维吾尔族舞蹈的体态韵律、节奏特点及肢体协调运用的能力。

学习内容

◎ **学习意义**

通过掌握维吾尔族舞蹈的体态、动态、神态、动感、力感特点,从而对维吾尔族舞蹈悠久的历史、完整的形式、动作的粗犷矫健及其礼俗性特点有进一步体会。

◎ **主体内容**

一、维吾尔族舞蹈风格特点

新疆的天山南北各地是维吾尔族主要分布地。维吾尔族舞蹈的风格典型化、形式多样化是受到维吾尔族不同发展阶段的经济生活和宗教信仰的影响。"多朗舞""赛乃姆""萨玛舞""纳孜尔库姆""夏地亚纳""盘子舞""手鼓舞"以及其他表演性舞蹈是维吾尔族舞蹈的主要形式。

1. 节奏特点:强拍进行弱小化,弱拍进行强大化

维吾尔族民间音乐深刻影响着舞蹈动作,民间音乐中多用切分、附点的节奏,舞蹈的风韵就表现在弱拍处做强势的艺术处理。

2. 造型特点:昂首、挺胸、立腰

热情豪放但不轻浮,稳重、细腻却不琐碎的风格韵味,通过舞蹈中从头、肩、腰、臂、肘、膝到脚的配合动作,不同幅度的对比变化,以及特有的"移颈""打指""翻腕"等装饰性动作的点缀表达出来,结合眼神的运用表达出各种情感。

3. 动律特点:微颤

维吾尔族民间舞蹈中富有特色的律动就是微颤。舞蹈动作柔和优美,衔接自然就需要膝部规律性的连续微颤或变化动作的一瞬间的微颤来表现。

4. 技巧特点:旋转

维吾尔族民间舞蹈中最常用的技巧就是旋转。通过快速、多姿、戛然而止的特点,结合颈部移动、眼神变化,灵活幽默的技巧动作,表现了维吾尔族人民热情奔放、乐观开朗的性格。

二、维吾尔族舞蹈服饰特点

维吾尔族人民性格热情奔放,穿着打扮、服装色彩独特。为了凸显男性粗犷奔放的特点,服装颜色多以黑白为主,款式多以宽松为主。女性则常以大红、大绿等鲜艳的颜色来表现她们热情似火和天真烂漫的鲜明个性,给人带来强烈的视觉冲击。

维吾尔族是爱美的民族,喜欢用鲜花来装点自己,他们全身上下的服饰无不与鲜花息息相关,他们身穿花衣、头戴花帽、脚穿绣花鞋、背着绣花袋、拿着绣花巾,处处有鲜花,处处体现美。

三、维吾尔族舞蹈基本动作

(一)基本体态

做法:小八字位,身体自然直立;立腰、拔背、微挺胸,眼看前方。

(二)脚位

1. 小八字位(自然位)

做法:双脚跟自然靠拢,双脚尖自然打开。(图3-5-1)

2. 前点位

做法:小八字位准备,动力腿前脚点地于主力腿前,大腿内侧回夹,膝盖靠拢。(图3-5-2)

3. 旁点位

做法:小八字位准备,动力腿前脚点地于主力腿旁。(图3-5-3)

4. 侧后点位

做法:小八字位准备,动力腿前脚内侧点地于主力腿侧后方。(图3-5-4)

图3-5-1 小八字位

图3-5-2 前点位

图3-5-3 旁点位

图3-5-4 侧后点位

(三)基本手型

做法:立腕,五指松弛向上,中指自然靠于拇指。(图3-5-5)

(四)舞姿

1. 平开式

做法:双臂平开于体旁,与肩同高,立掌。(图3-5-6)

图3-5-5 手型

2. 上托式

做法：上臂置于头顶，立掌，手心朝上。（图3-5-7）

图3-5-6　平开式　　　　图3-5-7　上托式

3. 顺风旗式

做法：一手平开立掌，另一手于头顶上托，手心朝上，肘朝前。（图3-5-8）

4. 胸前立掌式

做法：双手于胸前立掌，一上一下，双肘朝下。（图3-5-9）

图3-5-8　顺风旗式　　　　图3-5-9　胸前立掌式

5. 瞭望式

做法：一手自然掌形扣于额前，手心朝下，另一手自然掌形托于下颔前方，手心朝下。（图3-5-10）

6. 托帽式

做法：一手于耳旁上托，手心朝上，另一手于斜上方立掌。（图3-5-11）

图3-5-10　瞭望式　　　　　图3-5-11　托帽式

7. 点颤动律

做法：在点步位上，一点一颤，动力腿点后松抬，颤而不窜。

8. 移颈

做法：上身固定，头部向左、右两侧平行横移，做时下颔微含。

9. 摊手绕腕

做法：【1—】由里向外摊手；【2—】由外向里绕腕至立掌。

四、组合训练

组合1：步伐、体态、手位训练组合

（一）学习目标

1. 训练基本体态富于动感，使学生在动作的自然流动中既完成步伐又掌握了体态。
2. 在基本体态、手型、舞姿的训练中，达到动作平稳、脚感下沉的目的。

（二）学习内容

1. 准备动作

【1—8】小八字步，基本体态。

【2—8】右手扶左肩行礼，眼看左斜下方。

2. 组合动作

【3—8】1—4拍右脚向前上步做踏步蹲，右腿站直，左脚旁点地。双臂经胸前平开到旁边，与肩同高，立掌，呈平开式。5—8拍保持舞姿。

【4—8】1—4拍左脚后退、蹲、站直，左腿站直，右腿伸直前点地。双臂经胸前平开，双臂置于头顶，立掌，手心朝上，呈上托式。5—8拍保持舞姿。

【5—8】1—4拍右脚向前上步做踏步蹲，右腿站直，左脚旁点地。双臂经胸前平开，左手平开立掌，右手上托于头顶，手心朝上，肘朝前，呈顺风旗式。5—8拍保持舞姿。

【6—8】1—4拍左脚向前上步做踏步蹲，左腿站直，右脚旁点地。双臂经胸前平开，右手平开立掌，左手上托于头顶，手心朝上，肘朝前，呈顺风旗式。5—8拍保持舞姿。

【7—8】1—4拍右脚后退、蹲、站直，左脚旁点地，双臂经胸前平开，右手上托于耳旁，手心朝上，左手于斜上方立掌，呈托帽式。5—8拍保持舞姿。

【8—8】1—4拍左脚后退、蹲、站直，左腿站直，右腿伸直前点地。双手于胸前立掌，右手上左手下。双肘朝下，呈胸前立掌式。5—8拍保持舞姿。

【9—8】1—4拍左脚往左斜前方上步、站直，右腿旁点地，左手自然掌形扣于额前，手心朝下，右手自然掌形托于下颏前方，手心朝下，呈瞭望式。5—8拍保持舞姿，动手指，两拍一次，眼睛随着节拍左右看。

【10—8】1—4拍右脚后退、蹲、站直，左腿前点地，双手于胸前立掌，右手上左手下。双肘朝下，呈胸前立掌式。5—8拍保持舞姿，上身固定，做移颈，头部向左、右两侧平行横移，做时下颏微含。

【11—8】【12—8】脚下自由步，斜下方提裙。双脚以半脚掌交替向左转身行进一圈回到7点方向，一拍一步。

【13—8】【14—8】面向7点方向，右手扶左肩行礼，眼看左斜下方。

【15—8】1—4拍右脚向前上步站直，左脚旁点地。双臂经胸前平开，左手平开立掌，右手上托于头顶，手心朝上，肘朝前，呈顺风旗式。5—8拍做1—4拍的反面动作。

【16—8】1—4拍，第1拍右脚向左脚并住跺脚，屈膝，双手屈臂于头顶斜上方拍掌（图3-5-12），2—4拍停。5—8拍左脚往后撤一步站直，右脚也往后撤步旁点地，右手向上划弧线后划到耳旁做上托式，左手向下划弧线后提起到上方立掌，呈托帽式，面向1点方向。

【17—8】1—4拍右脚向前上步做踏步蹲，右腿站直，左脚旁点地。双臂经胸前平开到旁，与肩同高，立掌，呈平开式。5—8拍做1—4拍的反面动作。

【18—8】1—4拍右脚后退、蹲、站直，左脚旁点地，双臂经胸前平开，右手上托于耳旁，手心朝上，左手于斜上方立掌，呈托帽式。5—8拍左脚向前上步做踏步蹲，左腿站直，右脚旁点地。双臂经胸前平开到旁，与肩同高，立掌，呈平开式。

【19—8】脚下点颤动律，在点步位上一点一颤，动力脚点后松抬。手臂是摊手绕腕，由里向外摊手，再由外向里绕腕至立掌。

【20—8】1—4拍左脚退后、蹲、站直，左腿站直，右腿伸直前点地。双臂经胸前平开，双臂置于头顶，立掌，手心朝上，呈上托式。5—8拍保持舞姿，做移颈。

【21—8】1—4拍左脚向前上步做踏步蹲，左腿站直，右脚旁点地。双臂经胸前平开，右手平开立掌，左手上托于头顶，手心朝上，肘朝前，呈顺风旗式。5—8拍保持舞姿，脚下点颤动律，在点步位上一点一颤，动力脚点后松开。

图3-5-12

【22—8】1—4拍右脚退后、蹲、站直，右腿站直，左腿伸直前点地。双臂经胸前平开，双臂置于头顶，立掌，手心朝上，呈上托式。5—8拍保持舞姿，脚下点颤动律，在点步位上一点一颤，动力脚点后松开。

【23—8】1—4拍左脚向前上步做踏步蹲，左腿站直，右脚旁点地。双臂经胸前平开，右手上托于耳旁，手心朝上，左手于斜上方立掌，呈托帽式。5—8拍保持舞姿，脚下点颤动律，在点步位上一点一颤，动力脚点后松开。

【24—8】1—2拍右手于胸前平开（手心朝上）到旁平肩，3—4拍左手于胸前平开（手心朝上）到旁平肩。5—8拍右手扶左肩行礼，眼看斜下方。（图3-5-13）

3. 结束动作

右手扶左肩行礼，眼看斜下方。

图3-5-13

维吾尔族音乐

步伐、体态、手位训练组合

学习技巧

1. 初步掌握维吾尔族舞蹈的各种舞姿与基本动律的配合。
2. 初步认识维吾尔族舞蹈基本动律的发力与风格。
3. 维吾尔族舞蹈是高昂向上的气质特征。
4. 步伐与舞姿的协调配合，解决脚下灵活性才能使动作更富有动感。

易犯错点

1. 脚下步伐要集中，这是维吾尔族舞蹈步态的特征。
2. 步伐与体态交织训练，区别于传统原地体态动律训练的开法儿。

组合2：维吾尔族综合训练组合《达阪城的姑娘》

（一）学习目标

强化三步一抬的练习，使脚下步伐集中，上身撇开，纵向延伸。提升学生对身体的控制力与表现力。

（二）教学知识点

1. 横垫步

准备：双脚前后一条线，前脚脚跟着地、后脚脚掌着地，双膝靠拢。

横垫步

做法：第1拍前脚由脚跟带动脚尖由外向内碾动，第2拍前脚脚尖落地，同时后脚脚掌顺前脚移动的方向向旁移动半步。此动作连续进行。

2. 摊手绕腕

做法：第1拍由里向外摊手，第2拍由外向里绕腕至立掌，此动作连续进行。

摊手绕腕

3. 托帽式

做法：一手上托于耳旁，手心朝上，另一手于斜上方立掌。

4. 点颤动律

做法：在点步位上，一点一颤，动力腿点后松抬，颤而不窜。

点颤动律

后退三步一抬

5. 后退三步一抬

做法：三步一抬以纵线后退，脚掌着地，膝盖略屈，抬时主力退微屈，动力退微抬。

6. 横移三步一抬

做法：身体对1点方向，三步一抬向3点、7点方向以"Z"形横移。

横移三步一抬

移颈

7. 移颈

做法：上身固定，头部向左、右两侧平行横移，做时下颏微含，气收意放。

8. 摇身点颤动律

做法：在点颤动律的基础上，以主力腿一侧为轴，螺旋上提摇身，头随动，节奏切分，紧松结合。

摇身点颤动律

9. 顺风旗式

做法：一手平开立掌，另一手上托于头顶，手心朝上，肘朝前。

10. 平开式

做法：双臂置于体旁，与肩同高，立掌。

11. 上托式

做法：上臂置于头顶，立掌，手心朝上。

12. 胸前斜上立掌式

做法：一手于左胸前立掌，手心朝下，另一手于斜上方立掌。

13. 瞭望式

做法：一手以自然掌形扣于额前，手心朝下，另一手以自然掌形托于下颏前方，手心朝下。

（三）学习内容

1. 准备动作

【1—8】【2—8】场下准备。

2. 组合动作

【1—8】面向5点方向，手位为顺风旗式，脚下横垫步。第1拍，左脚由脚跟带动脚尖由外向内碾动。第2拍，前脚脚尖落地，同时右脚脚掌顺前脚移动的方向向旁移动半步。此动作连续进行。

【2—8】同【1—8】动作。

【3—8】同【1—8】动作，右转身回到1点方向。

模块三 民族民间舞

【4—8】同【1—8】动作，面向1点方向。

【5—8】1—4拍，身体对2点方向，向右并脚踩地，双膝略屈，双手于右耳旁拍掌。5—8拍，右脚退后、蹲、站直，右腿站直，左腿伸直前点地。双臂经胸前平开，双臂置于体旁，与肩同高，立掌，呈平开式。

【6—8】摊手绕腕，第1拍由里向外摊手，第2拍由外向里绕腕至立掌，此动作连续进行。

【7—8】1—4拍左脚向前上步做踏步蹲，左腿站直，右脚旁点地。双臂经胸前平开，右手平开立掌，左手上托于头顶，手心朝上，肘朝前，呈顺风旗式。5—8拍保持舞姿，脚下点颤动律，在点步位上一点一颤，动力脚点后松开。

【8—8】做【7—8】反面动作。

【9—8】1—4拍，于斜下方做提裙式，左脚后退三步一抬（身体对1点方向），三步一抬纵向后退，脚掌着地，膝盖略屈，抬时主力腿微屈，动力腿微抬。5—8拍同1—4拍动作。

【10—8】同【9—8】动作。

【11—8】1—4拍，三步一抬于2点、8点方向转体进行（右脚起）。5—8拍，做1—4拍的反面动作。

【12—8】同【11—8】动作。

【13—8】1—4拍左脚上步蹲，左腿站直，右脚旁点地，双手经胸前平开，双臂置于体旁，与肩平，立掌，呈平开式。5—8拍保持舞姿，做移颈，上身固定，头部向左、右两侧平行横移，做时下颌微含。

【14—8】1—4拍右脚上步蹲、站直，左脚旁点地，双手经胸前平开，左臂平开立掌，右手上托于头顶，手心朝上，肘朝前，呈顺风旗式。5—8拍做摇身点颤动律，在点颤动律的基础上，以主力腿一侧为轴，螺旋上提摇身，头随动，节奏切分，紧松结合。

【15—8】1—4拍左脚上步蹲、站直，右脚旁点地，左手立掌回到胸前经下弧线旁起，左手于斜上方立掌，右手背经胸前向上划弧，右手上托于耳旁，手心朝上，呈托帽式。5—8拍做1—4拍反面动作。

【16—8】左脚前点地，两拍一点，双臂旁起置于额前，手心朝下。

【17—8】保持舞姿，脚下前点地，两拍一点，额前两拍一次击掌。

【18—8】1—4拍面向2点方向左脚上步，右脚跟上，左脚旁点地，左手掌扣于胸前，手心朝下，右手以自然掌形托于下颌前方，手心朝下，呈瞭望式。5—8拍保持舞姿，做移颈。

【19—8】1—4拍向左转身（右脚起）往后走三步一抬，于斜下方提裙，左手置于额前，手心朝下（图3-5-14）。5—8拍动作同1—4拍。

【20—8】同【19—8】动作，回到1点方向。

【21—8】1—4拍，三步一抬于2点、8点方向转体进行（右脚起），5—8拍做1—4拍的反面动作。

【22—8】动作同【21—8】。

【23—8】1—4拍，左脚上步蹲、站直，右脚旁点地，左手立掌回到胸前经下弧线旁起，左手于斜上方立掌，右手背经胸前向上划弧，右手上托于耳旁，手心朝上，呈托帽式。5—8拍做1—4拍的反面动作。

【24—8】1—4拍左脚前进走3步站直，右脚于斜后方点地，双手做胸前立掌式，右手上左手下，双肘朝下。5—8拍做摇身点颤动律，在点颤动律的基础上，以主力腿一侧

图3-5-14

为轴，螺旋上提摇身，头随动，节奏切分，紧松结合。

【25—8】1—2拍做拧腰夏克，即右脚旁点地，左手托掌，右手围胸，向左拧腰、挑胸腰。3—4拍做1—2拍的反面动作（图3-5-15）。5—8拍做平开式，半脚尖向左上步立转一圈。

【26—8】动作同【5—8】。

【27—8】高提裙自由步（左脚起）前进，一拍一步。

【28—8】1—2拍做拧腰夏克，右脚旁点地，左手托掌，右手围胸，向左拧腰、挑胸腰。3—4拍做1—2拍的反面动作。5—8拍做平开式，半脚尖向左上步立转一圈。

3. 结束动作

左腿站直，右脚旁点地，于左耳旁击掌。

《达阪城的姑娘》音乐

维吾尔族综合训练组合 示范

图3-5-15

学习技巧

1. 三步一抬向前、向旁、向后配合不同舞姿做练习，在步伐、体态组合时初步得到训练。

2. 强化三步一抬组合，并以脚跟、脚心、脚掌落地的形式体现，呈双膝靠拢、脚下集中和身体平稳的状态。

3. 通过有序的教学步骤使手腕更加灵活，加强体态、动律和步伐的配合，掌握维吾尔族舞蹈端庄、稳重、高傲的风格。

易犯错点

1. 三步一抬的脚下不离散，上身容易僵硬。
2. 完成三步一抬的双膝要松弛，不要顿住。

课后任务

熟练掌握维吾尔族舞蹈基本体态动律、舞姿舞步，能流畅完整表演练习组合，体现其正确的风格与特点，并有较好表现力。

任务评价

评价主体	评价内容	评价效果	备注
教师评价	手、颈、脚协调	优（ ） 良（ ） 中（ ） 差（ ）	
	微颤动律	优（ ） 良（ ） 中（ ） 差（ ）	
	节奏准确	优（ ） 良（ ） 中（ ） 差（ ）	
	眼神流动	优（ ） 良（ ） 中（ ） 差（ ）	
	表情自然	优（ ） 良（ ） 中（ ） 差（ ）	
	组合完成度	优（ ） 良（ ） 中（ ） 差（ ）	
自我评价	节奏准确	优（ ） 良（ ） 中（ ） 差（ ）	
	形象鲜明	优（ ） 良（ ） 中（ ） 差（ ）	
	动律特点	优（ ） 良（ ） 中（ ） 差（ ）	
	表演自信	优（ ） 良（ ） 中（ ） 差（ ）	

拓展任务一　学习汉族民间舞——东北秧歌

学习任务

1. 把握东北秧歌舞蹈的体态韵律、节奏特点及肢体协调运用的能力。
2. 掌握东北秧歌动静、收放、强弱、轻重缓急等动态特征。
3. 了解东北人热情、质朴、刚柔相济的心理特征，提高鉴赏素养。

学习内容

一、风格概述

东北秧歌源于我国东北三省广袤黑土地上人民群众的劳动生活，因而具有浓郁的乡土气息和民俗特色，形式诙谐、风格独特，其纯朴而豪放的灵性和风情，融泼辣、幽默、文静、稳重于一体的风格，淋漓尽致地呈现出东北人民热情质朴、刚柔并济的性格特征。东北秧歌的最大特点是"稳中浪""浪中艮""艮中俏""手绢花"，花样繁多。鼓点节奏明快，富有弹性，韵律则是艮、俏、幽、稳、美。高跷秧歌、二人转、地秧歌是东北秧歌的3种表现形式。

二、东北秧歌基本动作

（一）东北秧歌基本的体态与手型动作

体态动作：正步位，身体在保持基本站立姿态的基础上重心微前移，稍压下颌，微含胸。动作时脚略勾，脚腕有控制力，膝部艮住劲。

手型：东北秧歌的手型为双手持巾。

1. 手位、脚位的动作

（1）手位的动作与技巧

做法：女——叉腰位、单臂位、双臂位、交叉位、胸前位、体旁位；男——搭肩位、上举位。

（2）脚位的动作与技巧

做法：正步位——双脚紧靠，脚尖靠脚尖，脚跟靠脚跟；八字位——脚跟相靠，脚尖对2点、8点方向。

2. 东北秧歌的基本动律

（1）提压韵

做法：正步位，双手叉腰，以腰部为轴，身体以肋带动胸腰交替提压，形成上半身的左右摆动，用呼吸带动上身动律，重拍在下。

（2）画圆韵

做法：正步位，双手叉腰，以腰部为轴，左右两肩交替由1点向后画8字立圆，胯保持不动，重拍在下。

（3）前后韵

做法：正步位，双手叉腰，头部有节奏、干净、利索地在2点、8点斜上方甩动，要求有停顿，眼神先到。同时，压脚跟随动。

（4）膝部动律

做法：正步位，双手叉腰。

（5）快屈快直

做法：双膝快速屈伸，并富有弹性。

（6）快屈慢直

做法：快屈，有韧性地慢直，重拍在下。

（7）慢屈快直

做法：膝关节的屈伸要有内在的柔韧性，音乐重拍重心向下，双膝快直，以示动作的艮俏特点。

（二）舞步动作

1. 前踢步

做法：以右脚为动力腿。

【da】右脚蹭地快速向前踢出15°，同时左腿快速屈膝。

【1】慢收回右脚，左腿同时直膝，呈双腿直立。

【da】左脚蹭地快速向前踢出15°，同时右腿快速屈膝。

【2】慢收回左脚，右腿同时直膝，呈双腿直立。做动作时注意踢步要快踢慢收，慢移重心。

2. 后踢步

做法：以右脚为动力腿。

【da】左腿微屈，右腿勾脚向后踢出。
【1】右腿慢收回，落地呈正步。左腿同时直膝、直立。重心移至右腿。
【da】右腿微屈，左腿勾脚向后踢出。
【2】左腿慢收回，落地呈正步。右腿同时直膝、直立。重心移至左腿。

3. 走场步

做法：两脚交替向前或向后走，一拍一步，膝关节微屈，一步一顿，小腿放松，脚腕有控制地勾后脚，做动作时保持基本体态。

4. 跑场步

做法：做法与走场步基本相同，做动作时一脚掌蹬地走，落地时沉稳有力，另一脚稍后踢。

（三）手巾花动作与技巧

1. 单指与全指的手巾花握法

（1）单指握巾

做法：拇指和其余四指分别握住手巾的两面，食指伸直顶住手巾花的中心处。

（2）全指握巾

做法：用拇指和其余四指握住手巾的两面，似握拳。

2. 手巾花的动作

手巾花的基本动作及训练包括挽花、小五花、片花和绕碎花。

（1）挽花

做法：手握手巾花，掌心向上，手指带动手腕由外向里绕腕360度，掌心向下同时压腕挑指。注意挽花时速度快，压腕时速度慢，掉肘动作要连贯，使手巾转成立形。

（2）小五花

做法：全指握巾，做法同古典舞中的小五花，做动作时注意两手腕始终相靠。

（3）片花

做法：片花有里片花和外片花。里片花，即全指握巾，掌心向上，以腕为轴，手掌向里平移，同时小臂抬起，然后从小臂下向外绕腕向上转腕360度，掌心向上。注意动作连贯。外片花的动作与里片花的动作相同，但方向相反。

（4）绕花

做法：手握手巾花一角，以手腕带动由外向内连续绕手巾，称里碎绕花，由里向外称外碎绕花。做动作时注意手臂放松，但不能随着摇动。碎绕花时速度要快，越碎越好。

3. 常用手巾花技巧

东北秧歌常用的手巾花有单臂花、双臂花、盖挽花、小蝴蝶花、扁担花和蚌壳花。

（1）单臂花

做法：单指握巾，单手于胸前绕花一次，接掉肘、掉腕于体侧。

（2）双臂花

做法：双指握巾，双手同时绕花，可一手在前、一手在体侧90°的位置。

（3）盖挽花

做法：单指握巾，单手于头上绕花一次经胸前画圆，接掉肘、掉腕于体侧。

（4）小蝴蝶花（小十字花）

做法：单指握巾，先双手交叉于体侧前对2点或8点绕花一次，然后双手经下弧线于身体两侧，平手绕花一次。

（5）扁担花

做法：单指握巾，双手同时在身体两侧做平手绕花。

（6）蚌壳花

做法：双手自体旁至斜上方绕花至肩前（一拍），接翻手，变手心向上，回至斜上方（一拍）。

图3-拓展—-1　东北秧歌示范动作（部分）

>> 课后任务

熟练掌握东北秧歌基本体态动律、舞姿舞步，能流畅完整表演练习组合，体现其正确的风格与特点，并有较好表现力。

任务评价

评价主体	评价内容	评价效果	备注
教师评价	舞步、手巾花动作	优（　）良（　）中（　）差（　）	
教师评价	"稳、浪、艮、俏"动律	优（　）良（　）中（　）差（　）	
教师评价	表情娇俏	优（　）良（　）中（　）差（　）	
教师评价	作品完成度	优（　）良（　）中（　）差（　）	
小组评价	团队合作	优（　）良（　）中（　）差（　）	
小组评价	动作整齐	优（　）良（　）中（　）差（　）	
小组评价	服装贴合	优（　）良（　）中（　）差（　）	
小组评价	队形变化	优（　）良（　）中（　）差（　）	
自我评价	节奏准确	优（　）良（　）中（　）差（　）	
自我评价	形象鲜明	优（　）良（　）中（　）差（　）	
自我评价	动律特点	优（　）良（　）中（　）差（　）	
自我评价	表演自信	优（　）良（　）中（　）差（　）	

拓展任务二　学习苗族民间舞

学习任务

1. 掌握苗族民间舞的体态、动律特点、基本动作。
2. 理解苗族舞蹈风格特点及主要表演形式。
3. 了解苗族地域文化特点及苗族人民性格特征。

学习内容

一、风格概述

苗族主要生活在我国的云南、贵州、四川等西南地区。苗族歌舞种类丰富、支系繁复、数量众多、内容广泛，且分布广阔，仅苗族"鼓舞"一项，就近十种之多。苗族民间舞蹈种类主要有6种：芦笙舞、铜鼓舞、木鼓舞、湘西鼓舞、板凳舞和古瓢舞等，其中芦笙舞最为普遍。苗族舞蹈具有比较浓重的古朴、粗犷的风格。苗族舞蹈上下肢舞动动作灵活，如上肢自然摆动，下肢颤动或者抬脚踹。苗族舞蹈男歌女舞时，男生吹小芦笙、女生拿着花手帕随着伴奏的鼓点，摇摆身体，转圈跳舞，他们尤其喜爱银器装饰，女性头饰、颈项、服装上大多以银器进行装点，舞蹈中银器晃动碰撞发出的银铃声也成为其独特的风格。

二、苗族舞蹈基本动作

（一）基本手型

自然掌形：四指自然并拢，五指平伸，虎口自然张开，掌心放松。空握拳：空心握拳。

（二）基本动作

1. 颠簸动作

做法：以胸腰为中心，上下翻动，上下起伏，并且保持翻动的连贯性和链条性。

2. 赶鸭动作

做法：双手手掌上翘放于身体两侧划动，上下小幅度点头，同时脚向前蹭走，整个身体出现一种摇曳的律动。

3. 一顺拐动作

做法：同手同脚，同手同头，上半身和下半身的运动方向相同。

4. 荡腰、点荡动作

做法：以腰为发力点，身体的上下半身左右晃动，即荡腰。荡腰也会因为不同的方向和动作有着"正反"上的不同。

5. 摆胯动作

做法："一边摆动胯部，一边摆动双手"的顺边摆胯动作。

a　　　　　　b　　　　　　c　　　　　　d

图3-拓展二-1　苗族民间舞示范动作（部分）

苗族民间舞

模块三　民族民间舞

» 课后任务

熟练掌握苗族基本体态动律、舞姿舞步，能流畅完整表演练习组合，体现其正确的风格与特点，并有较好表现力。

» 任务评价

评价主体	评价内容	评价效果	备注
教师评价	上下肢动作协调	优（　）良（　）中（　）差（　）	
	颠簸、一顺拐、摆胯动律	优（　）良（　）中（　）差（　）	
	表情活泼	优（　）良（　）中（　）差（　）	
	作品完成度	优（　）良（　）中（　）差（　）	
小组评价	团队合作	优（　）良（　）中（　）差（　）	
	动作整齐	优（　）良（　）中（　）差（　）	
	服装贴合	优（　）良（　）中（　）差（　）	
	队形变化	优（　）良（　）中（　）差（　）	
自我评价	节奏准确	优（　）良（　）中（　）差（　）	
	形象鲜明	优（　）良（　）中（　）差（　）	
	动律特点	优（　）良（　）中（　）差（　）	
	表演自信	优（　）良（　）中（　）差（　）	

» 模块小结

中国民族民间舞是各民族在长期的历史发展与艺术创造过程中不断积累的结晶，生动反映了一个民族的文化传统及审美观念。由于各民族所处的地理环境、生活方式和宗教信仰不同，因此各地区、各民族服装服饰、体态动律也形态迥异，使得舞蹈风格千变万化、异彩纷呈。教学时，教师不应先忙于教动作，而应想方设法使学生主动了解各民族不同的生活方式、宗教信仰、文化背景、服饰特点对舞蹈所产生的影响，以及他们各自的舞蹈风格特点和动律特点。这些感性认识，能有效帮助学生学习时有章可循，准确掌握舞蹈的风格要领，自觉地从不同民族、不同风格、不同动律特点中领略各民族不同的审美情趣和审美理想，并且能为保育学生将来的教学提供更丰富的人文背景知识，为幼儿舞蹈创编提供更规范、更专业的素材，为未来更广泛的学习树立正确范例。

» 思考练习

任选一个民族舞种，5人一组，结合本人幼儿园实习实际情况，创编成具有主题性的幼儿民族民间舞蹈，并在幼儿园进行表演，录制成视频，期末统一汇报展示。

下篇
创新与实践

模块四
幼儿舞蹈创编

模块导读

本模块通过对幼儿表演性舞蹈及幼儿自娱性舞蹈的创编、教学等知识点的学习，使学生认识到幼儿舞蹈创编在幼儿园舞蹈整体教育教学中的重要性，并初步掌握创编的基本原则与方法，为学生后续下园工作提供有力支持。

学习目标

知识目标：掌握幼儿表演性舞蹈及幼儿自娱性舞蹈创编的原则与方法。
能力目标：运用幼儿舞蹈创编的基本原则与方法积累和提炼素材，完成学习任务。
素质目标：激发创编幼儿舞蹈的兴趣，提升对幼儿舞蹈的审美品位。

内容结构

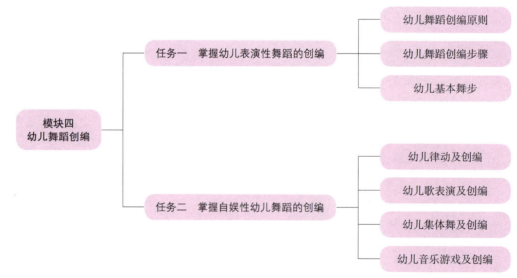

课程思政

通过小组合作创编幼儿舞蹈，提升自学能力、团队协作能力、沟通能力、创新能力，培养坚持不懈、精益求精的工匠精神，追求自我、超越自我的时代精神。根据不同年龄段幼儿舞蹈的创编，真正了解幼儿、认识幼儿，最终达到引导幼儿、发展幼儿的保教工作目的，树立科学、正确的幼儿观、教育观，打下良好的幼儿保育师德基础。

案例导入

学习了快两年的舞蹈，小美越来越美，也越来越自信了，她非常渴望能把自己学习的这么多好看的舞蹈带去幼儿园教给小朋友，她更希望能让小朋友和她跳得一样好看！周末的时候她父母的同事一家三口来家做客，带来了一个正在上小班的小女孩。和小女孩玩耍的时候知道她也喜欢看跳舞，小美突然想把自己学的舞蹈教给她。但是，小美带她跳了很久，发现很多动作小女孩都跟不上，最后小女孩不想跳了，却和小美开心地打闹了起来！事后，小美想：到底小朋友该跳什么样的舞蹈，他们才会喜欢呢？

任务一　掌握幼儿表演性舞蹈的创编

学习任务

1. 掌握幼儿表演性舞蹈的基本概念、创编方法、教学组织。
2. 根据不同年龄幼儿身心发展特点，完成幼儿表演性舞蹈的创编小练习。
3. 独立完成一次幼儿表演性舞蹈的组织与排练。

学习内容

◎ **学习意义**

通过对幼儿表演性舞蹈创编原则及方法的学习，能够提升学生的想象力与创作力，使学生运用学习的知识和技能进行创造性思维及实践。

◎ **主体内容**

幼儿表演性舞蹈是幼儿舞蹈的高级表现形式，是反映幼儿生活情趣的完整性舞蹈作品。表演性舞蹈具备舞蹈作品的一切标准，包括主题、内容、形式、情节、人物等。表演性舞蹈根据表演的主题可分为情绪舞和情节舞。

一、幼儿舞蹈创编原则

（一）遵循幼儿身心发展特点

3～6岁幼儿处于身心快速发展的黄金时期，具体表现为：① 身体发育方面，幼儿的身高、体重、营养、神经、动作技能等方面获得长足进步；② 语言发展方面，词汇量迅速增长，已经能掌握各类词，逐渐明确词义并有一定的概括性，基本上掌握了各种语法结构，并可自由地与他人进行基本的交谈；③ 思维发展方面，逐步克服直觉行动思维，并初步发展到具体形象思维；④ 社会交往方面，喜欢与同伴一起玩，玩伴的数量随着年龄增加，玩伴关系不稳定，经常变化；⑤ 个性发展方面，这一时期是儿童个性形成的关键时期，幼儿开始形成自己最初的个性倾向，并会在自己的一生中都保留其痕迹。

（二）选材符合幼儿认知水平

认知是指人们获得知识或应用知识的意识活动，包括感觉、知觉、记忆、想象、思维等。随着中枢神经的发展和幼儿生活范围的扩展，3～4岁幼儿已经发展了各种基本的感知觉。他们已经能够分辨红、黄、蓝、绿等常见颜色；能辨认上、下、前、后方位，以及圆形、方形、三角形；能较准确地辨别各种声音；能通过手接触更多的物体，从而知道物体的凉热、软硬等特征；能分辨物体的大小和远近；能区分白天和黑夜。但是，这个年龄段幼儿的观察带有很大的随意性，往往碰到什么就观察什么，顺序紊乱，前后重复，也多遗漏。他们通常只能观察到事物的粗略轮廓，看到事物的表面现象。观察的水平较低，易受外界刺激的影响而转移观察的目标，受情绪影响较大。4～5岁幼儿开始具有辨别物体细微区别的能力，能逐渐分辨混合色，区分各种颜色的明度和饱和度，听觉的精确程度也有所提高，能记住较为抽象的事物，想象的内容也比以前丰富，但是仍然很零碎。这个年龄的幼儿在游戏中不再单纯重复成人或年长幼儿提出的话题，而是通过自己的构思来加以补充。幼儿的再造想象常常依赖于成人的言语描述，同时也常常受外界情景变化的影响，缺少独立性。5～6岁幼儿已经具有一定的观察能力，感知觉开始有系统性和概括性，幼儿能够根据成人的要求有意识地复述故事、回想问题。能用比较熟悉的词去代替不熟悉的词，表现出一种幼稚但具有概括性的特点。他们的想象活动中开始出现一些创造性因素，不再完全按照成人的描述或指示，而能根据自己的想象进行加工。这个阶段的幼儿思维仍以具体形象思维为主，但已开始有抽象逻辑思维的萌芽，即出现依靠概念、判断和推理等形式的思维。此时，幼儿的抽象逻辑思维还带有明显的不自觉性，即不能自觉地调节、检验和论证自己的思维过程，不能说出自己是如何进行思考和解决问题的。

（三）动作符合幼儿年龄特征

3～4岁幼儿动作发育特征：可到处任意活动，能跳高跳远，两脚交替上下楼梯，会独脚站立5秒钟左右。这个年龄的幼儿由于脑功能及小肌肉发育日趋完善，手指变得灵活起来，可以使用筷子、扣纽扣、画图形，会折纸、剪贴，会一页一页地翻书等。

4～5岁幼儿动作发育特征：能单脚跳跃，能抓住跳跃的球，平衡功能有了发展，能脚尖对着脚跟直线向前走，能玩跷跷板、滑滑梯等。在日常生活方面，可以很好地洗脸、刷牙、擦鼻涕，能独立穿衣服。在精细动作方面，能很好地使用筷子，可以简单画出人的几个部分，包括头、躯干、四肢等，能画三角形、正方形等。

5～6岁幼儿动作发育特征：能迅速、自如地奔跑，且跑的协调、平衡能力较好，会拍球、踢球，并能边跑边踢。能连续走半小时路程，能独脚站立10秒钟左右，能脚尖对着脚跟往后走。在生活自理能力方面，能帮助家长做一些简单的家务劳动，如扫地、擦桌子、收拾碗筷等。手指的动作更精巧，会用小刀削铅笔，会投球，会画比较完整的小人，能书写10以内的阿拉伯数字以及简单的汉字，动手能力有了进一步的提高。

（四）培养优秀品格和良好习惯

3～6岁的幼儿正处于人生的初始阶段，一切的习得都要靠学习。他们可塑性强、爱模仿、爱探索，但自控能力较差，对是非的判断能力也较弱。这个时期，既是养成良好行为习惯的关键时期，又是沾染不良行为习惯的危险阶段，如果不适时培养良好的行为习惯，便会错失良机，形成不良的行为习惯，也会给将来的发展带来难以弥补的缺憾。教育家叶圣陶说过："教育就是良好习惯的培养。"培养良好的文明行为习惯是3～6岁幼儿的重要教育内容。《幼儿园工作规程》中也明确指出：培养幼儿"诚实、勇敢、爱护公物、讲礼貌、守纪律"等良好的品德行为和习惯，是学龄前儿童教育教学的重要目标。现在的父母大多重视幼儿的智力开发和特殊技能的培养。他们常常花钱上各种兴趣班，却往往忽视了家庭教育中道德教育与行为习惯的培养。很多幼儿存在一些不良的习惯，如迟到、不讲卫生、挑食、偏食、不合群、任性、爱哭闹、动手打人等等。因此，在舞蹈教学中加入文明礼仪的渗透是美育不可替代的作用，例如：课前欢迎仪式（握手礼、拥抱礼、击掌礼）、课后礼仪（爱的抱抱）等等。从行为习惯的培养入手，研究良好行为习惯，不仅可以克服长期以来儿童德育工作中存在的主要弊端，而且也符合儿童身心发展的特点，对适应新时代环境和形势都具有重要意义。

二、幼儿舞蹈创编步骤

幼儿舞蹈创编的基本步骤可分为题材选择、结构构思、动作创编、舞段编排、音乐选择、道具服装6个环节，各个环节紧密相连、层层递进、相互推动。

（一）题材选择

舞蹈题材是舞蹈作品的基本要素，是编导根据自己的审美情趣，把生活中的内容利用舞蹈呈现出来。舞蹈题材大致分为以下4类：① 生活题材，反映了生活中的细节，如刷牙、洗脸、睡觉、学习、玩游戏等；② 现实题材，具有一定的现实教育意义，如爱祖国、爱劳动、爱科学、守纪律、行为规范、道德教育等；③ 幻想题材，是非现实生活中出现的，通过想象而创作的，如童话、神话、传说、寓言等等；④ 自然题材，将自然景物人物化、性格化，如太阳公公、月亮婆婆、春风姑娘、雨露阿姨、太空娃娃以及花鸟鱼虫等小动物、小植物的拟人化。

（二）结构构思

舞蹈结构指舞蹈作品塑造人物、表现感情、安排情节的组织和布局，是展现舞蹈内容、塑造艺术形象、营造作品意境的重要艺术手段。在情节舞和舞剧中，多指人物行动、情节事件或矛盾冲突的组织和安排。

1. 舞蹈结构体式

一段体（A）：一种单一的结构体式，以单一的情感、主题、节奏元素贯穿整个舞蹈。

两段体（AB）：在单一的结构体式上增加了变化，不再是单一的结构体式，第一段和第二段可以在主题、情感、节奏等元素上进行变化。

三段体（ABA）：是一种更为丰富的舞蹈结构体式，在一段、二段的基础上增加第三段。第三段可回到一段或者进行一些简单的一段变化，呈现一种首尾呼应的效果。

2. 结构程式

结构的程式，一般可分为引子、开端、发展、高潮、结局五部分，也就是我们常说的结构构思四字真言：起、承、转、合。

引子：以一个小的点引出舞蹈作品，引发观众的思考。

开端：点明舞蹈作品的人物、环境、时代背景。

发展：舞蹈的关键部分，凸显主题内容，为后面的高潮起到铺垫作用，可以通过音乐节奏的变化、舞台的调度等表现手法进行。

高潮：舞蹈核心部分，揭示主题思想，篇幅不宜过长，需有较强表现力和震撼力。

结尾：交代作品的完结。

(三)动作创编

1. 形象捕捉

舞蹈作品中舞蹈形象的寻找,需要从生活中发现和挖掘,创编者要用肢体语言去模仿生活的形式。例如:小鸟、孔雀、小猫等都可以通过服饰、头饰、声音以及特定的肢体语言进行模仿,通过反复、夸张、拟人、变化的手法强调舞蹈形象。在幼儿舞蹈创作中,形象动作的提炼是可以多方面的,不能只单纯地模仿外部形态,必须赋予一定的情感才能使舞蹈形象鲜活起来。

从动态中捕捉:在幼儿生活中,有很多动态具有舞蹈性。要细心观察幼儿生活中的动态,从动态中发现、提炼可以成为舞蹈的形象动作,如幼儿爬、走、跳,各种游戏时的拉、扯、挤,玩耍中的拍、滑、躲都可以提炼成舞蹈动作。还有各种动植物的外部动态特征,都可以成为动作捕捉的依据,如幼儿舞蹈作品《宝宝会走了》就是抓住生活中婴儿"学走路"的动态来巧妙地创作了这个舞蹈。

从情感表达中捕捉:幼儿虽然年龄小,但在他们的情感世界中也有喜怒哀乐、爱憎分明、争强好胜等,而且他们的情感倾向完全暴露在脸上和行为中。要细心观察幼儿的情绪,把情感作为动作的原动力,提炼出此情、此时、此景的形象动作,如幼儿舞蹈《我可喜欢你》就是围绕"我可喜欢你,你喜不喜欢我"这一很普通的话来提炼形象动作。

从民族舞蹈风格中捕捉:我国各民族艺术精彩纷呈,舞蹈元素丰富多元,是无穷的宝藏。从民族舞中抓住典型的动作、节奏、风格韵律,简化、提炼出最有代表性的动作元素用在幼儿舞蹈中。

从音乐、歌词中捕捉:音乐能使人产生灵感,引起共鸣,促进人们内心的情感表露。在美妙的音乐歌词中提炼形象,捕捉舞蹈动作,可产生视觉化的效果。

2. 动机开发

动机是塑造舞蹈形象的核心,是一个具有鲜明艺术个性和内涵的最基本的动作形式和最小的结构单位。动机的长度一般是2~8拍,分为单一动机与符合动机、主动机与副动机。

3. 动律设计

"动律"是指舞蹈身体部位运行的线路所形成的内在韵律和节奏型。不同种类的舞蹈基本动律有所区别。幼儿舞蹈动律特点一般为曲调简单、形象鲜明、动作单一,是针对幼儿的年龄特点、认知能力以及身体发育的需要,以幼儿身体动作为基础,以表现节奏、音乐为中心的一种综合性韵律。幼儿动律教学具有游戏性、表演性、反复性的特征,包括教师指导幼儿跟随着音乐有节奏地进行身体表现,也包括幼儿自己即兴随着音乐进行身体表现。

4. 主题动作

根据歌词或音乐的内容,找出所表现事物的最大特征,设计出能刻画人、事、物,主题突出、形象生动鲜明、动律感强的主题动作,再将主题动作进行变化。不同年龄段的班级设计的动作数量要求不一样,小班3~4个动作,中班5~6个动作,大班7~8个动作。在设计过程中应注意设计的律动应富有趣味性或游戏色彩。

5. 连接动作

根据音乐的节奏、结构来进行动作的连接和分段,应突出音乐的强弱,层次分明,并遵照人体运动的规律,将动作连接得通顺、连贯、易于上手。采用的形式可轻松、自由、丰富、多样,队形不拘,让幼儿感觉就像玩游戏。

(四)舞段编排

舞蹈段落,是由若干个舞蹈语句组成的表现内容比较完整的片段。它或是表现一定的情节事件的发展,或是描绘人物在特定环境和情况下的内在精神世界,或是营造出艺术表现所需要的某种意境。一个舞蹈作品由若干的舞段组成。舞蹈段落在舞蹈作品中的运用形式是多种多样的,可以按角色出场的不同形成段落，每段专为表现该角色服务，也可以依据场景变换形成段落，常见的如舞剧中的场、幕更换等，还可以依据故事发展顺序为段落和以时间顺序划分段落等。在一个完整的舞蹈作品中，每个舞蹈段落都担负着一定的意义、功能，各舞段之间也有着连贯性，它们的有机组合和共同作用，形成了观众对该作品完整的印象。

（五）音乐选择

旋律易记。幼儿舞蹈由于是由幼儿表演，其音乐旋律也要便于幼儿记忆。这样的舞蹈音乐便于幼儿记住音乐后加强对音乐的理解，可以更好地表现舞蹈。

节奏清晰。幼儿的认知能力有限，自我的控制能力也较弱，抢拍或拖拍的情况十分常见，这直接影响到舞蹈动作的整齐度。为避免这样的情况发生，则必须要选择节奏明显的音乐。

配器简单。为幼儿舞蹈选音乐配器要简单，不宜选择带有很多的装饰性音效的音乐。

有时代感。生活在当今时代的儿童，受到的是当今时代各种文化的影响，他们的思维、举止、谈吐也都深深地印着时代的烙印。音乐的选择要贴近幼儿生活，就要选择能够反映他们时代印记的作品。

（六）道具服装

舞蹈表演中离不开对舞台道具和表演服装的使用。舞台道具和服装在舞蹈表演中可以营造作品氛围、推动故事情节的发展、增强舞蹈作品的艺术表达。舞蹈的道具、服装必须适合舞蹈自身的特点，舞蹈内容不同，所需的服装面料、款式、色彩特点有很大的区分。舞蹈服装的面料、款式、色彩既要表现作品，又要顺应流行趋势，但切忌为了标新立异而成人化、低俗化，要结合作品题材、幼儿年龄等特点选择。

三、幼儿基本舞步

（一）小班基本舞步

小班基本舞步

走步：正步位准备，双臂自然摆动，两脚交叠自然踏地，一般用于进行曲节奏的舞蹈当中。

小碎步：双脚跟抬起，用前脚掌交替快速、均匀地做原地或行进的小步走动，膝关节要放松，可用于较优美、舒缓的舞蹈。

进退步：第1拍右脚往前踏一步左脚同时抬起，第2拍左脚原地踏步右脚抬起，第3拍右脚往后退一步，同时左脚原地踏步，可以左右脚交替做。

平踏步：双手叉腰，正步位准备，双脚交替踏步。

踏跳步：踏跳步的跳法是第1拍左脚前脚掌踏地，右脚离地，身体中句上移。第2拍右脚全脚掌着地，同时双腿屈膝，左脚自然离地，身体重心下沉。

蹦跳步：做动作时双腿屈膝，经双腿蹬地跳起，在空中双腿直膝，双脚掌落地，同时双腿屈膝。一般配合小兔子和小袋鼠等蹦跳类动物形象进行舞蹈。

小跑步：双脚交替做有节奏的小跑动作，多用于活泼、欢快的舞蹈当中。

（二）中班基本舞步

中班基本舞步

旁移步：第1、2拍右脚膝盖伸直。右脚向旁勾脚点地，左腿微屈，第3、4拍重心移到右腿上，反方向同上。

踵趾步：第1拍右脚向左斜前方伸出，脚跟落地，左腿屈膝。第2拍左腿直立，右脚向4点撤步。踵趾步出脚的方向可变化，如向前的前踵步，向旁的旁踵趾步，也可与其他舞步结合练习，如踵趾后踢步、交替前踵步。

旁踢步：第1拍前半拍双腿屈膝，右小腿旁踢起，头、身体向同侧倾倒，后半拍右脚落地，反方向同上。

后踢腿：正步位站立，两脚绷脚交替后踢小腿，身体稍微前倾，注意后踢的脚脚背要绷直，表现跳动的节奏、快乐的情绪。

踏跳步：前半拍左脚踏地，后半拍左脚原地跳起，同时右腿正吸，脚尖朝下，右脚踏跳做法与左脚相同。

（三）大班基本舞步

十字步：第1拍左脚向2点上一步，同时右脚跟离地；第2拍右脚向1点上步，同时左脚跟离地；第3拍左脚向7点撤步，同时右脚掌离地；第4拍右脚撤回原位，重心一直随动力腿移动。

横追步：第1拍左脚向旁横迈一步，第2拍右脚快速追到左脚内侧，同时左脚离地，促使左脚再向左横迈一步。动作继续，反方向同上。

错步：第1拍前半拍，左脚往前踏一步，后半拍右脚紧跟在左脚脚后跟前进一步，第2拍左脚原地踏一步。第3、4拍换脚做一次。

跑马步：上身前倾，正步位准备，双手做扬鞭状。第1拍前半拍先迈出左脚，后半拍颤膝踮步。第2拍前半拍右脚迈出，后半拍颤膝踮步。动作呈跳跃状，像马儿奔跑一样。

交替步：第1拍左脚向旁迈一步，身体重心移到左脚。第2拍右脚落在左脚内侧或脚跟处，身体重心至右脚，同时左脚离地。第3拍左脚原地踏一小步，重心移到左脚，同时抬起右脚，继续从右脚开始做，动作同上。

跑跳步：第1拍前半拍左脚向前迈一步，后半拍左脚原地小跳一次，同时右腿正吸腿，第2拍重复第一拍动作，动作相反。

大班基本舞步

【教学案例1】 幼儿舞步组合（走步）《玩具兵进行曲》

一、学习目标

通过组合学习幼儿基本舞步，尤其是基本走步类步伐动作，掌握其动作要领和名称，并学会简单的幼儿舞蹈表演方法。

《玩具兵进行曲》

幼儿舞步组合（走步）

二、学习任务

主要学习步伐：登山步、平踏步、交替步、进退步、踵趾步、钟摆步。

三、学习内容

1. 准备动作（前奏音乐）

【1—8】面对7点，正步位站立，双手于胸前一高一低做握枪动作（左手略高，右手略低）。

【2—8】四拍一次，左脚起做登山步，后换右脚做。

【3—8】重复【2—8】动作。

【4—8】一拍一次，左脚起登山步做5次，第6拍收回左脚正步站立，7—8拍不动。

2. 组合动作

【1—8】1—4拍，双手握枪，面对7点方向，一拍一步，左脚起踏步走4步；第5拍，左脚踏地，右手在右额头行军礼，转头眼看1点；第6拍，不动；第7拍，收回右手伸直垂于右腿旁，

眼看7点；第8拍，不动。

【2—8】动作同【1—8】拍。

【3—8】1—4拍，动作同【1—8】拍前4拍动作；第5拍，向7点方向跨左脚，呈左弓箭步，双手往7点方向伸直于前下方做冲杀动作；第6拍，不动；第7拍，收回，正步位握枪站立，面向7点方向；第8拍，不动。

【4—8】1—6拍，动作同【3—8】；第7拍，收回，正步握枪站立，面向1点方向；第8拍，不动。

【5—8】双手做握枪动作，1—2拍左脚起向1点方向做交替步，3—4拍换右脚，5—8拍对1点方向，从左脚起做一次进退步。

【6—8】动作同【5—8】，面向1点，向5点方向后退做交替步和进退步。

【7—8】动作同1—2拍，从左脚起向1点方向做交替步；3—4拍，换右脚；5—6拍，从左脚起面向1点，向5点方向做后退交替步；7—8拍，换右脚。

【8—4】面向1点，向5点方向从右脚起做进退步4拍。

【9—8】双手握枪，两拍一次，左脚起踵趾步"脚跟、脚尖、脚跟、脚尖"。

【10—8】1—6拍，从左脚起做钟摆步"左、右、左"；第7拍，收脚、立正，面向1点方向；第8拍，不动。

【11—8】做【9—8】反向动作。

【12—8】做【11—8】反向动作。

【教学案例2】 幼儿舞步组合（跑跳步）《拍皮球》

一、学习目标

通过组合学习幼儿基本舞步，尤其是基本跑跳步类步伐动作，掌握其动作要领和名称，并学会简单的幼儿舞蹈表演方法。

《拍皮球》　　幼儿舞步组合（跑跳步）

二、学习任务

主要学习步伐：蹦跳步、后踢步、旁踢步、踏跳步。

三、学习内容

1. 准备动作（前奏音乐）

【1—8】1—4拍，面对1点，小八字步站立，双手叉腰；5—8拍，两拍蹲一次。

2. 组合动作

【1—8】两拍一次，双膝微蹲后站立，右手做拍皮球动作，左手自然垂放在身体左侧。

【2—8】1—2拍，双手抱球从3点方向向下画半圆到7点方向，脚下做右脚的旁踢步；3—4拍，双手抱球从7点方向向下画半圆到3点方向，脚下做左脚的旁踢步；5—8拍，重复1—4拍动作。

【3—8】两拍一次，双膝微蹲后站立，左手做拍皮球动作，右手自然垂放在身体左侧。

【4—8】1—2拍，双手抱球从7点方向向下画半圆到3点方向，脚下做左脚的旁踢步；3—4拍，双手抱球从3点方向向下画半圆到7点方向，脚下做右脚的旁踢步；5—6拍，双手抱球从7点方向向下画半圆到3点方向，脚下做左脚的旁踢步；第7拍，双手收回到身体两侧；第8拍，站立。

【5—8】1—2拍，双脚向3点方向做右勾脚旁移步，双手做抱球状从身体两侧移至3点斜下方；3—4拍，左脚跟右脚回到小八字步，双手从3点斜下方画弧线到正上方；第5拍，双手抱球

落在胸前，双膝微蹲；第6拍，不动；7—8拍，做3次后踢步。

【6—8】1—2拍，双脚向7点方向做左勾脚旁移步，双手做抱球状从身体两侧移至7点斜下方；3—4拍，右脚跟左脚回到小八字步，双手从7点斜下方画弧线到正上方；第5拍，双手抱球落在胸前，双膝微蹲；第6拍，不动；7—8拍，做3次后踢步。

【7—8】1—2拍，双脚向3点方向做右勾脚旁移步，双手做抱球状从身体两侧移至3点斜下方；3—4拍，左脚跟右脚回到小八字步，双手从3点斜下方画弧线到正上方；第5拍，双手抱球落在胸前，双膝微蹲；第6拍，不动；7—8拍，做3次蹦跳步。

【8—8】1—2拍，双脚向7点方向做左勾脚旁移步，双手做抱球状从身体两侧移至7点斜下方；3—4拍，右脚跟左脚回到小八字步，双手从7点斜下方画弧线到正上方；第5拍，双手抱球落在胸前，双膝微蹲；第6拍，不动；7—8拍，做3次蹦跳步。

【9—8】一拍一次，双手叉腰做踏跳步。

【10—8】1—4拍，双手举手做扩指在正上方，脚做后踢步顺时针转一圈；5—8拍，原地后踢步。

【11—8】动作同【9—8】。

【12—8】1—4拍，双手举手做扩指在正上方，脚做后踢步顺时针转一圈；5—8拍，双手从3点方向画立圆经过7点方向最后落到3点斜上方停住，右脚勾脚，脚后跟落在7点方向。

课后任务

1. 根据所学《拍皮球》的形象，自创动物模拟形象，编排动作，形成训练二拍舞步的组合。
2. 利用角色互换体验式教学方法，模拟教授一小段儿童舞蹈组合。

任务评价

评价主体	评价内容	评价效果	备注
教师评价	主题明确	优（ ） 良（ ） 中（ ） 差（ ）	
	结构合理	优（ ） 良（ ） 中（ ） 差（ ）	
	手法创作	优（ ） 良（ ） 中（ ） 差（ ）	
	队形变化	优（ ） 良（ ） 中（ ） 差（ ）	
小组评价	团队合作	优（ ） 良（ ） 中（ ） 差（ ）	
	动作整齐	优（ ） 良（ ） 中（ ） 差（ ）	
	设计合理	优（ ） 良（ ） 中（ ） 差（ ）	
	作品完整	优（ ） 良（ ） 中（ ） 差（ ）	
自我评价	节奏准确	优（ ） 良（ ） 中（ ） 差（ ）	
	形象鲜明	优（ ） 良（ ） 中（ ） 差（ ）	
	主题突出	优（ ） 良（ ） 中（ ） 差（ ）	
	表演自信	优（ ） 良（ ） 中（ ） 差（ ）	

任务二　掌握自娱性幼儿舞蹈的创编

学习任务

1. 熟练掌握自娱性舞蹈的基本知识和创编方法。
2. 根据不同年龄幼儿身心发展特点，完成幼儿自娱性舞蹈的创编练习。

学习内容

◎ **学习意义**

《3～6岁儿童学习与发展指南》中指出，在幼儿艺术领域的学习任务是"感受与欣赏、表达与创造"，引导幼儿学会用心灵去感受和发现美，丰富幼儿的想象力和创造力，用自己的方式去表现和创造美。通过自娱性幼儿舞蹈活动，能促进幼儿智力发展，陶冶幼儿的性格和情操，加深他们对艺术美的感悟，能让幼儿在美好、愉快、轻松的氛围中身心健康得到发展。因此，自娱性幼儿舞蹈能较好地实现《3～6岁儿童学习与发展指南》中对幼儿发展的任务要求，在幼儿教育中有着举足轻重的意义。

◎ **主体内容**

自娱性幼儿舞蹈是幼儿以自娱为主要目的的舞蹈活动，它不以舞台为表现场所，不求供人欣赏，而是以跳舞作为自我娱乐。自娱性幼儿舞蹈一般有幼儿律动、集体舞、歌表演、音乐游戏等形式。

一、幼儿律动及创编

（一）幼儿律动

幼儿律动指幼儿在音乐或节奏乐器的伴奏下，根据音乐的性质、节拍、速度做有规律的动作。它具有节奏鲜明、动作单一、反复性强等特点，是发展幼儿节奏感、协调能力、模仿能力等的有效途径，是丰富幼儿想象力、创造力，增强幼儿对艺术美的体验与身体表达能力的重要方法。

幼儿律动及创编

幼儿律动按照表现形式可以分为节奏律动和模仿律动。节奏律动指随音乐做节奏练习的律动，通过拍手、点头、拍腿、转手腕、跺脚等动作培养幼儿的节奏感。模仿律动指让幼儿随音乐模仿从日常生活实践中提炼出的情景或动作，它可以模仿某个事物的某一特征，如小鸟飞、小兔跳、大风吹、小树摇等，也可以模仿日常生活的情景，如刷牙、洗脸、开汽车、工人伐木、牧民放羊等。

（二）幼儿律动创编

1. 幼儿律动创编步骤

（1）明确创编目的

在创编幼儿律动时，首先明确训练目的，是培养幼儿的节奏感还是发展幼儿的模仿能力？

如果是为了培养幼儿的节奏感,可编排一些行进、走步、拍手、跺脚等动作简单、节奏感强的节奏律动,使幼儿在动作过程中感受节奏的变化,形成节奏意识;而如果要发展幼儿的形象模仿能力,可编排模仿律动,如模仿小青蛙、小鸭子、小猴子等动物,或者模仿刷牙洗脸、洗衣服、拖地等生活中的动作。

(2)选择音乐

明确幼儿律动的创编目的和内容后,应选择一首符合律动内容的乐曲或歌曲。节奏律动,应选择节奏鲜明的乐曲;模仿律动,应选择音乐形象突出的乐曲。但任何一种律动,都应注意篇幅短小、乐句规整、节奏感强且富有动作性。

(3)动作的设计

音乐确定后,根据创编目的来设计动作。动作设计要抓住事物的动态特点及典型的外形动作,同时注意依据幼儿的记忆能力、认知规律、动作发展水平等进行设计,简单且不宜过多。一般来说,小班律动采用2~4个动作,中班采用4~6个动作,大班则采用6~8个动作。

(4)连接组合

主题动作和变化动作产生后,接下来就要根据音乐的节奏、结构进行动作的连接和分段。在动作的连接中,应突出音乐的强弱层次,并遵循运动规律,将动作连接顺畅。采用的形式可轻松、自由、丰富多样,队形不受限制,强调幼儿的愉悦感。

2.幼儿律动创编的常用方法

(1)顺序法

顺序法,即按照日常生活、事物发展的顺序编排动作,如上肢类运动、下肢类运动,或按走类→跑类→跳类的顺序编排。

(2)对称法

对称法,即动作相同,方向相反,如上下左右、前后对称,此法有利于培养幼儿较好的方位感、空间感。

(3)重复法

重复法,即动作按照一定的规律多次反复,此方法便于幼儿记忆,同时起到巩固、提升动作学习的作用。

3.幼儿律动创编的注意事项

一是动作与音乐形象要统一,动作律动始终和音乐节奏密切配合。

二是动作简单规整,单一反复,便于幼儿掌握及记忆。

三是要根据幼儿年龄特征注意动作的起伏变化及组合内容的丰富性,逐步增加和加强动作的难度。具体详见表4-2-1。

表4-2-1 不同年龄段幼儿律动教学内容的要求和特点

低龄(1~3岁)	小班(3~4岁)	中班(4~5岁)	大班(5~6岁)
低龄幼儿还无法有效地控制肌肉,平衡能力较差,记忆力和模仿力快速发展,对节奏感强的音乐会随节奏起舞。可以选择单一节奏型的音乐,在躺、爬、坐的基础上设计简单反复的动作,以亲子活动为宜	小班幼儿受身体协调能力的限制,一般来说以单一动作为主,简单重复,强调幼儿随乐律动的快乐体验和对音乐情感的抒发,在设计动作时要注意左右的均衡发展,动作不宜过多,建议尽可能控制在4个单一动作以内	中班幼儿控制能力和平衡能力有所增强,可以尝试细小动作和上下肢的简单配合,训练灵活性和协调性,动作仍然以简单重复为主,建议动作控制在6个以内的单一或简单组合动作,以及简单的走步类为主的舞步	大班幼儿对身体的控制力显著提高,弹跳力也有了更好的发展。随着认知水平的提高,能够较准确地理解教师的要求。可以进行一些有力度的、较复杂的联合动作、组合动作或简单的风格性舞蹈动作及跑跳类幼儿舞步

【教学案例3】 2～3岁低龄亲子律动《拍手摆头》

《拍手摆头》律动是一个低龄幼儿的亲子节奏律动，可以和父母或老师共同完成。通过简单的摆头、转腕、拍肩、叉腰等动作，培养幼儿的节奏感和动作协调性，同时增进父母与幼儿、老师与幼儿的亲密关系，让幼儿更好地感受爱、表达爱，有利于他们的身心健康。在学习时要注意动作与音乐的配合。

亲子律动《拍手摆头》

 课后任务

练习一　改编小班节奏律动《我的身体》

为帮助幼儿更好地了解自己的身体，爱护自己，自选音乐，以"我的身体"为主题，分小组进行改编，并完成示范表演。

改编提示：通过幼儿律动的学习，能帮助幼儿初步认识自己的身体器官，了解身体各部位的名称和功用，引导幼儿懂得自尊自爱，培养他们发散性思维和手口一致的能力。

1. 选择3～5个小朋友熟悉身体各部位，并设计相关动作，要注意动作需符合小班幼儿的生理、心理特点。

2. 小组合音乐练习，在做相关动作时说出该身体部位的名称，如"我的头""我的肩""我的腰"等。

3. 完成示范表演。

练习二　创编情景模仿律动《锻炼身体我最棒》

为培养幼儿强身健体的意识，自选音乐，分小组创编以"锻炼身体我最棒"为主题的大班情景模仿律动，并完成示范表演。

创编提示：通过对幼儿律动的学习，能提高幼儿身体的灵活性和身体动作的表现力，激发幼儿积极锻炼身体的兴趣，营造健康向上的"我健康 我运动 我快乐"的美好氛围，引导幼儿学会爱自己、爱家人、爱朋友、爱集体。

1. 选择音乐，分析音乐，熟悉音乐结构和框架。

2. 设计有关"运动"主题的动作，例如游泳、跑步、跳绳等，注意动作要符合大班幼儿的生理、心理特点。

3. 完成示范表演。

二、幼儿歌表演及创编

（一）幼儿歌表演

幼儿歌表演指以简单的动作、姿态、表情等来表达歌词内容和情感的表演形式，其主要特点以歌为主，动作与歌唱相辅相成，歌曲演唱和动作表演融为一体，载歌载舞，形象直观，易学、易记、易理解。

幼儿歌表演能帮助幼儿感受、理解、表达歌曲内容与音乐形象，培养幼儿的节奏感、协调性、歌唱与动作表演的一致性和幼儿的表现力、想象力及创造力。

幼儿歌表演及创编

(二)幼儿歌表演创编

1. 幼儿歌表演的创编步骤

（1）分析歌曲结构，理解歌曲内容

幼儿歌表演的创编要始终以歌曲为主，围绕歌曲、歌词进行创编。因此，首先要熟悉歌曲的结构和框架，确定好舞蹈段落；其次要根据歌曲的旋律、风格及歌词想表达的内容进行分析，发掘其中的闪光点加以提炼升华。

（2）设计表演动作

根据幼儿的生理特点，结合歌词所表达的内容展开想象，设计形象生动、有特点的、富有幼儿情趣的能反映幼儿内心世界的动作。幅度不宜过大，不能喧宾夺主影响歌唱，同时要保持动作顺畅、连贯统一。可以根据歌曲的风格特点编配相应的动作，如维吾尔族歌曲《娃哈哈》，在动作编排中融入维吾尔族的基本步伐和动作来突出歌曲的民族舞蹈风格特点。也可以按照歌词内容所提供的物象和情景编配相应的动作，如歌曲《小毛驴》，可以抓住小毛驴的形象特点来设计动作。还可以根据旋律的特点编配相应的动作，幼儿歌曲的旋律具有明显的情绪色彩，有欢快的、热情的、坚定的、优美的等，可以从旋律的特点中诱导出与之相匹配的动作，如《爱的人间》是一首抒情歌曲，在动作编排上配以舒缓的动作，带上情感表演，能帮助幼儿更好地表达歌曲情感。

（3）穿插简单的队形和设计情景

歌表演因其具有一定的表演性，所以在日常教学活动之外，还可以将歌表演作为展示和表演活动的一种形式，可在创编的时候编排一些简单的舞台调度，但为了使所有的幼儿都有能力参加活动，所以编排应注意队形不易复杂，变化不要太多。还可以根据歌曲所表达的内容设计场景或使用简单的道具，充分调动起幼儿的想象力，使幼儿有身临其境之感。

2. 幼儿歌表演创编应注意的问题

一是歌曲选择要注意音乐形象突出，易于用动作表现，不同年龄班应有不同的歌曲选择。

二是动作形象要简单，以唱为主，动作与演唱相辅相成。

三是要根据歌词的主题意义设计出既能突出主题内涵，又形象生动、优美的动作，力求达到歌与舞贴切和谐，风格完整统一。

四是动作不要零乱松散，防止出现一个词汇编一个动作的倾向。具体详见表4-2-2。

表4-2-2　不同年龄段幼儿歌表演创编的要求和特点

低龄（1～3岁）	小班（3～4岁）	中班（4～5岁）	大班（5～6岁）
低龄幼儿理解能力和演唱能力都偏弱，儿歌童谣能较好地发展幼儿这些能力，但注意他们只能唱简单的儿歌和理解简单的词汇，所以应选择篇幅短小的儿歌配以1～3个富于形象性的单一动作，和老师或父母一起完成	小班幼儿的语言表达和动作能力依然有限，所以选材上要选择符合小班幼儿演唱能力的歌曲。动作不宜过多，幅度不宜过大，尽量一句歌词对应一个动作，主要注意幼儿情感的表达和情绪的愉悦	中班幼儿各方面能力有了较大的提高，动作设计和歌词的关联性、表现性与小班比有所增强。对节奏、身体的控制能力也有了更好发展，可设计简单的、有一定观赏性的歌表演	大班幼儿在空间意识、歌词理解、动作难度等方面都有了较大进步，在设计上有步骤地增加表演性和观赏性。同时可以进行简单的队形变化，但不宜过多、过复杂

【教学案例4】《粉刷匠》（4～5岁中班歌表演）

歌曲《粉刷匠》是一首波兰儿童歌曲，通过轻松风趣的旋律和幽默诙谐的歌词，塑造了一位勤劳、乐观的小粉刷匠形象。通过歌表演活动，加深了幼儿对歌曲的理解，同时培养了幼儿热爱劳动和乐观向上的精神。

歌表演《粉刷匠》
（演唱：房洛瑶）

课后任务

练习一　创编小班幼儿歌表演《爱我你就抱抱我》

分小组为歌曲《爱我你就抱抱我》设计动作，创编一个适合小班幼儿表演的歌表演，并完成示范表演。

创编提示：《爱我你就抱抱我》是一首活泼、富有童趣的歌曲，透露着孩子与爸爸妈妈之间浓浓的爱意。通过歌表演活动，使幼儿陶醉于充满温暖的舞蹈情景中，拉近家长与幼儿、教师与幼儿、幼儿与幼儿之间的距离，感受父母、同学、师生之间的爱，并学会如何表达、敢于表达自己的情感。

1. 分析音乐，熟悉音乐结构和框架，根据歌词塑造的形象和歌曲旋律的意境来设计动作。
2. 围绕"陪""亲""夸""抱"主题动作设计动作组合。
3. 完成歌曲与动作的连接，根据小班幼儿的能力设计简单的队形和情景。
4. 完成示范表演。

练习二　创编大班幼儿歌表演《娃哈哈》

为让幼儿感受祖国人民的幸福生活，了解维吾尔族音乐和舞蹈的风格特点，分小组为歌曲《娃哈哈》设计动作，创编一个适合大班幼儿的表演性歌表演。

创编提示：歌曲《娃哈哈》是一首维吾尔族的儿童歌曲，以儿童的语言和富有维吾尔族特色的节奏为我们描绘了祖国的美好河山和人民的幸福生活。歌曲词义简单，节奏明快。通过歌表演学习，让幼儿感受维吾尔族的音乐特点和舞蹈风格，培养幼儿热爱祖国的和民族团结的意识。

1. 分析歌曲结构和框架，熟悉歌曲旋律和歌词，确定舞蹈段落。
2. 根据歌曲节奏和歌词内容，设计有维吾尔族特色的主题动作。
3. 按歌曲结构连接动作组合，根据大班幼儿的能力设计简单的队形和情景。
4. 完成示范表演。

三、幼儿集体舞及创编

（一）幼儿集体舞

幼儿集体舞是幼儿自娱和交际的集体性舞蹈。它一般在短小乐曲、歌曲的伴奏下，在规定的位置和队形中，完成简单统一、相互配合或自由即兴的舞蹈活动，强调在队形变化中的人际交流。

幼儿集体舞可以反复进行，舞蹈中主要是变换队形、交换位置或舞伴，集体舞最主要的教学特点是可以有效锻炼幼儿的空间意识，帮助幼儿认识身在其中的空间变化规律，增强对音乐、舞蹈动作及队形结构中规律

幼儿集体舞及创编

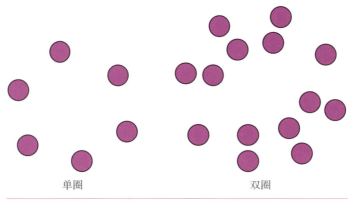

图 4-2-1　圆圈集体舞

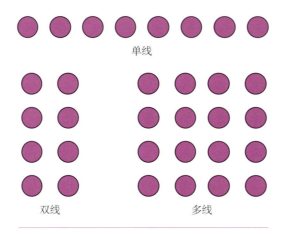

图 4-2-2　线条状集体舞

的敏感性,在促进幼儿社会交往意识、合作意识、团队意识及应变能力的同时,培养幼儿热爱集体、团结友爱、互相帮助的思想品德,满足幼儿社会交往的需求。增加幼儿感受现实生活中人与人真实的情感分享与交流的乐趣,促进幼儿的亲社会性人格的形成。

幼儿集体舞一般按队形的形式来划分,可分为圆圈集体舞(单圈、双圈、三圈,图4-2-1)、线条状集体舞(单线、双线、多线,图4-2-2)、自由空间集体舞(双人、三人或小组群)。

(二)幼儿集体舞创编

1.幼儿集体舞的创编方法

交换法:在集体舞中,常常需要交换位置或交换舞伴进行舞蹈。交换舞伴的方式常有以下3种:①一人固定,一人交换;②两人交替交换;③两人同时交换。

流动法:在集体舞的舞蹈过程中,以流动的线路进行舞蹈队形的变化。其流动的方向有:①向圆心内流动;②向圆心外流动;③在圆线上流动。

2.幼儿集体舞的创编步骤

(1)确定集体舞形式

集体舞的形式丰富多样,有邀请舞、游戏舞等,不同的形式达到不同的目的和效果。因此,在编舞之前,首先要明确编排目的,如果是为了达到团结友爱、相互交流的目的,可选用邀请舞的形式;若是为了让幼儿感受参与集体舞的乐趣,则可以选择游戏舞。总之,集体舞的形式与内容需紧密相连。

(2)选定音乐

选择音乐时首先要考虑舞蹈过程中是否能进行交流与合作,与集体舞的形式是否能融合,同时还需要是节奏欢快愉悦、情绪高昂富有动感、便于幼儿记忆的音乐。

（3）编排队形

集体舞一般以流动性和交换新的舞伴为特点，圆圈舞便于行进、移动和反复进行，是较常用的队形。在设计队形时，要考虑幼儿在舞蹈时的变化位置要与动作协调统一，队形的设计应自然、流畅，恰到好处，且具有游乐性。

（4）设计动作

集体舞强调交流性，动作应简单而多反复，以训练基本舞步和模拟动作为主，上肢动作变化相对较少，应特别强调"礼仪性"。

3. 幼儿集体舞创编应注意的问题

一是动作简单、反复、不宜过多，以便弱化幼儿记忆舞蹈动作的环节，而将情感投入在与同伴的情感交流上，感受集体舞带来的快乐。

二是乐曲要规整，适合编排，且乐曲的反复与舞蹈的反复能相对应。

三是舞伴交换要有规律，否则容易造成队形变化的混乱，破坏幼儿的情绪。

四是选择队形要合理，综合考虑舞蹈动作、情绪与队形的对应，使集体舞形成美感。具体详见表4-2-3。

表4-2-3　不同年龄段幼儿集体舞创编的要求和特点

低龄（1～3岁）	小班（3～4岁）	中班（4～5岁）	大班（5～6岁）
低龄幼儿认知水平有限，空间意识淡薄，在队形上以自由空间为主，少变化。动作上以单一动作为主，强调趣味性，主要鼓励集体活动的参与性与积极性	队形多为单圈环状流动式或自由空间邀请式，做一对一的互动，队形变化要规律、好操作，动作简单、反复，还是以鼓励自主愉悦地参与集体活动及与同伴交流的目的为主	队形变化在小班的基础上可以增多，难度稍微增大，强调有规律地变化，并引导幼儿找到规律，有意识地帮助幼儿感知时间和空间的变化，同时在交换舞伴和队形时感受和传递快乐情绪	尝试更难的队形变化，如行列重组、穿插、螺旋式变化等，在相对位置的空间感上要有更高的要求，以提高幼儿的空间能力。同时可设计一些有观赏性的动作，增加集体舞的美感

【教学案例5】《田纳西摇摆舞》（5～6岁大班圆圈集体舞）

《田纳西摇摆舞》是美国田纳西州特有的一种民间风情舞，其旋律热情、节奏动感、风格鲜明。通过集体舞的形式，幼儿一起围圈舞蹈，感受友爱互动的愉悦氛围；听辨音乐变换造型，提升幼儿的乐感、控制力和创造力；在双人配合的动作中，学会运用目光、体态进行情感交流，体验互动交往的快乐。同时了解不同国家和民族的性格与文化，感受不同风格的舞蹈特点。

圆圈集体舞
《田纳西摇摆舞》

课后任务

练习一　创编大班幼儿集体舞《洋娃娃和小熊跳舞》

分小组为大班幼儿设计圆圈集体舞——《洋娃娃和小熊跳舞》，音乐与动作相契合，并完成示范和表演。

创编提示：《洋娃娃和小熊跳舞》是一首旋律欢快、活泼、舒畅的波兰儿歌，音乐塑造了可爱的洋娃娃和憨厚的小熊形象。通过创编集体舞活动，让幼儿感受欢快的情绪，体验跳双人舞的快乐，并训练幼儿在舞蹈中能协调配合做动作，以及正确变换位置、交换舞伴的能力，提升幼儿的空间意识、方位意识，培养幼儿尊重他人、友爱同学、积极乐观的生活态度。

1. 根据大班幼儿的身心特点，选择适合的集体舞队形和变化方式，训练幼儿的空间、方位意识。

2. 根据音乐风格塑造"洋娃娃"和"小熊"的形象，并设计相关动作。

3. 创设情境，借助服装、道具等营造良好的舞会氛围，帮助幼儿增加参与的兴趣。

练习二　创编中班亲子集体舞

分小组为中班幼儿设计一个亲子集体舞，自选音乐和表现形式，并完成示范表演。

创编目的：中班幼儿集体舞活动要以培养幼儿集体参与性为主要目标，使幼儿在集体舞活动中产生愉悦感，培养幼儿热爱集体、热爱同学的情感。

创编提示：① 根据训练目的确定集体舞的队形与交换方式，注意选择的队形和动作要符合中班幼儿的身心发展特点；② 选择音乐，要能便于编排和转换队，旋律简单、结构规整、节奏感强。

四、幼儿音乐游戏及创编

（一）幼儿音乐游戏

音乐游戏是指通过游戏方法与规则的创设，将律动、角色扮演、合作对抗等巧妙融合，促使幼儿不自觉地将对音乐的感受与想象创造性地表现出来的一种独特形式。音乐游戏能发展幼儿对音乐的感受力、表现力、想象力与创造力，建立规则意识与合作意识，引导幼儿乐于探索、勇于挑战，锻炼幼儿受挫抗压能力，使幼儿获得愉悦、积极的情感体验，养成阳光开朗的性格。音乐游戏具有音乐性、趣味性、规则性和公平性的特点。按照游戏形式可以划分为应变反应类游戏、探索反应类游戏和角色模仿类游戏。

幼儿音乐游戏及创编

1. 应变反应类游戏

应变反应类游戏指根据外部条件变化，迅速发起特定的动作或克制内部冲动，培养儿童对音乐性质的分辨能力和身体反应能力。主要类型有输赢竞争类、争资源类、传递类等，如抢椅子、木头人、击鼓传花等。

2. 探索反应类游戏

探索类反应游戏主要是设置一定的悬念，激起幼儿对未知情景的好奇和探究的冲动。这类游戏的特点是能锻炼小朋友的观察能力、听辨能力、记忆能力以及根据观察信息进行推理的能力，主要类型有猜人猜物、寻人寻物、丢手绢等。

3. 角色模仿类游戏

角色模仿类游戏主要训练幼儿对各种事物的模仿力、表演力、节奏感和想象力，主要有模仿类、表演类等，如：狼和小羊、我们不怕大野狼等。

（二）幼儿音乐游戏创编

1. 创编音乐游戏的基本要素

① 故事。为了提高幼儿的参与兴趣，一般会先设计一个特定年龄幼儿感兴趣的故事。例如，

在设计"狼和小羊"的音乐游戏时，可创编一个故事进行情景式导入："喜羊羊和灰太狼晚饭后出门散步。在黑漆漆的拐弯处，'砰'地撞到一起，把他俩吓了一大跳。仔细一看，原来冤家路窄……"通过故事的导入，激发幼儿的兴趣，促使其积极联想、主动参与、热情投入游戏活动。要注意故事情节简练，重点突出。

② 规则。根据故事情节的发展选择合适的游戏类型，并设计游戏规则和玩法儿。游戏规则的基本类型有：情境表演游戏、领袖模仿游戏、输赢竞争游戏、控制游戏、传递游戏等等。

③ 动作。音乐游戏的动作以模仿性动作和生活动作居多，选择的动作不要太多，动作交替不要太快，既可有老师规定的动作，也可有幼儿创造的相应动作。

④ 音乐。音乐选择可分两种：一是先选定音乐，再根据歌词内容或乐曲性质进行创编，如《我们不怕大野狼》《丢手绢》《找朋友》等音乐都可设计音乐游戏；二是先按类型特点设计游戏方法与规则，然后选择与游戏内容相匹配的音乐，使游戏更加形象化。如为增强小朋友对身体各部位的认识能力和敏捷的反应能力创编音乐游戏，在音乐的节拍的基础上还要加上明确的口令，如"头碰头""肩靠肩"等。

2. 创编音乐游戏应注意的问题

一是根据幼儿的年龄特点、知识经验确定主题、内容和形式。游戏情节应选幼儿能理解或感兴趣的角色与故事，才能更好地与幼儿在心理上产生良好互动，进而在激发幼儿快乐想象的基础上，引导幼儿积极游戏，主动参与。

二是音乐要形象，节奏鲜明，对比性强，段落清楚，便于表现。

三是音乐游戏的动作不宜设计过多、过难，重点应在游戏方法和情感交流上，力求动作形象直观，富有趣味性。

四是要使音乐游戏具有吸引力，必须具有趣味性，且结局具有不确定性，游戏的情节要有高潮，使幼儿的心理得到满足。

五是游戏的设计要注意规则性与公平性，只有公平性才能为幼儿建立良好的遵规守纪的规则意识，也是幼儿愿意持续参与游戏的重要因素。

六是音乐游戏的设计还要尽可能因地制宜，要充分利用可用空间、场地、教具等丰富游戏的形式，同时更要考虑游戏时的安全性，使得幼儿能在游戏时有绝对安全的保障。

表4-2-4　不同年龄段幼儿音乐游戏创编的要求和特点

低龄（1～3岁）	小班（3～4岁）	中班（4～5岁）	大班（5～6岁）
低龄幼儿受反应能力和身体能力的限制，不适宜太激烈的音乐游戏。可以选择一些简单的角色模仿或反应应变类的亲子游戏，音乐要单一反复、规则要简单易懂，指令要清晰明确	小班幼儿以个体在集体中的独立游戏为主，游戏一定要与音乐建立紧密联系，充分体现音乐性。游戏规则要通俗易懂，角色较少，动作单一，反复性强，主要强调幼儿的参与性与愉悦性，培养音乐感受力和较好的规则意识	中班幼儿可设计一些简单的相互配合的游戏，加强情节性、趣味性，提升对规则的理解要求。游戏中对音乐的表现可再丰富一点，加强对舞姿和节奏的把握能力。可以有一些场景设计和角色分工，根据幼儿情况适当增加创造性	大班幼儿已形成了一定的规则意识，可以根据音乐特点尝试与幼儿一起商讨游戏规则、角色创设等要素，可以多开展一些集体类、有一定对抗性的游戏，增加游戏趣味性，题材、内容、动作也都应更加多样化，鼓励幼儿的自主性和创造性行为

【教学案例6】库乞乞（音乐游戏）

"库乞乞"是一个应变反应类的音乐游戏，节奏欢快、旋律动听，"库库库乞乞"的节奏型非常有特点，能训练幼儿的反应能力和节奏感。

游戏方法：15位幼儿在一个区域里做动作，在指定的节拍要找到一个小伙伴并手拉手。没有找到小伙伴的幼儿需要创编"库库库乞乞"这个节奏部分的动作，其他幼儿模仿该动作，并在下一轮游戏中用该动作去找小伙伴，直到音乐结束。

音乐游戏"库乞乞"

 课后任务

练习一　创编小班音乐游戏

分小组自选音乐，为小班幼儿设计一个应变反应类的音乐游戏，并完成示范和表演。

创编提示：小班幼儿音乐游戏主要以使幼儿产生愉悦感为主，引导幼儿感受音乐节奏和具有一定的规则意识。通过游戏让幼儿体验与同伴一起游戏的乐趣，以及不断挑战、追求自我实现的心理渴望。

1. 根据反应应变类游戏的特点选择适当的游戏形式。
2. 设计游戏规则，注意规则要符合小班幼儿的身心发展，游戏指令要明确。
3. 选择音乐，要适合游戏的节奏，还要简单易记、节奏感强。

练习二　创编大班音乐游戏

分小组自选音乐、自选形式，为大班幼儿设计集体音乐游戏，并完成示范和表演。

创编提示：大班幼儿音乐游戏在内容、规则、动作上都更加多样性，通过游戏培养幼儿的规则意识，能够保持与同伴目标一致、服从大局的格局和不断努力、自我挑战的态度。

1. 根据大班幼儿的身心特点设计游戏规则、指令、动作，集体类音乐游戏要考虑教师的控场能力和场地的范围。
2. 选择音乐，要适合游戏的类型和动作的设计。
3. 创设情境，帮幼儿更好地融入游戏。

任务评价

评价主体	评价内容	评价效果	备注
老师评价	理解幼儿	优（　）良（　）中（　）差（　）	
	理解自娱舞蹈	优（　）良（　）中（　）差（　）	
	主题明确	优（　）良（　）中（　）差（　）	
	难度适宜	优（　）良（　）中（　）差（　）	
	创编新颖	优（　）良（　）中（　）差（　）	
	发展幼儿	优（　）良（　）中（　）差（　）	

续表

评价主体	评价内容	评价效果	备注
小组评价	团队协作	优（ ） 良（ ） 中（ ） 差（ ）	
	创编合理	优（ ） 良（ ） 中（ ） 差（ ）	
	富有感染力	优（ ） 良（ ） 中（ ） 差（ ）	
自我评价	节奏准确	优（ ） 良（ ） 中（ ） 差（ ）	
	形象鲜明	优（ ） 良（ ） 中（ ） 差（ ）	
	主题突出	优（ ） 良（ ） 中（ ） 差（ ）	
	表现自信	优（ ） 良（ ） 中（ ） 差（ ）	

模块小结

本模块主要学习幼儿表演性舞蹈、自娱性舞蹈的概念、特点和教育目标，理解幼儿，掌握舞蹈的创编方法，熟悉不同年龄段幼儿的身体发展能力和情感认知能力，帮助学生树立"幼儿为本"的创编理念，培养学生根据幼儿不同年龄身心特点进行幼儿舞蹈创编的能力。

思考练习

实践任务：任选一个自己创编的作品，到幼儿园选择一个年龄班对幼儿进行教学，并根据教学情况不断修改、完善作品，与幼儿园导师、老师、同学交流心得。

模块五
幼儿韵律活动的组织与应用

模块导读

舞蹈在幼儿园工作中形态特殊,它不是一门独立学科,而是除辅助幼儿音乐教学之外,更广泛地融入在幼儿园千变万化的教学活动与日常活动中。本模块从设计韵律活动、辅助其他领域教学、与幼儿园各类活动相融合这3个层面,层层深入幼儿园实际保教活动,最终将韵律活动融入幼儿园各领域教学与日常保教活动中。通过这一模块的学习,舞蹈才真正转化为幼儿韵律活动,实现了幼儿保育专业舞蹈学习在幼儿保育工作中的真实落地,是将舞蹈学科能力真正转变成保育岗位能力的重要一环。

学习目标

知识目标:理解幼儿教育教学意义与形态的特殊性,掌握幼儿各类韵律活动的类型、目的、组织原则与方法。

能力目标:活学活用,运用不同类型幼儿韵律基本原则与方法完成幼儿园灵活多样的工作任务。

素质目标:通过自主探索、情境教学、案例学习,提升学生幼儿保教岗位专业素质。

内容结构

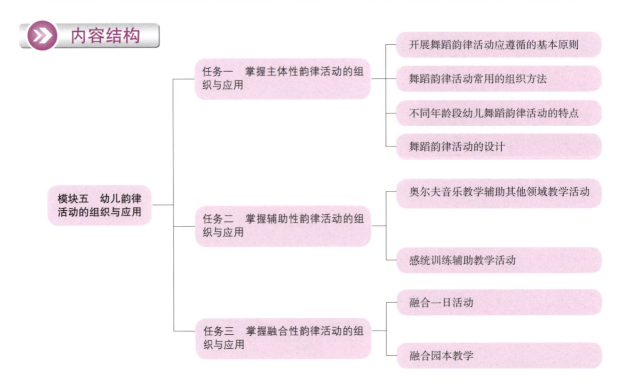

模块五　幼儿韵律活动的组织与应用

通过幼儿韵律活动的组织实践，以及与舞蹈相关的其他幼儿园活动组织，提高职业意识和职业情操，培养幼儿的舞蹈美育。能根据幼儿的生理、年龄特点，完成幼儿品德教育、情感教育目标的能力。

案例导入

要去幼儿园见习了，小美特别激动，她想我终于可以去和小朋友们一起跳舞了，为此她自己在学校编了好几个很可爱的小舞蹈，她想我编得好，小朋友一定会很喜欢、跳得很开心！可是来到幼儿园后，小美发现幼儿园的一日活动课程里根本没有安排舞蹈课，她编好的几个舞蹈怎么办呢？而且小美想，既然幼儿园没有开设舞蹈课，为什么我们要学习舞蹈，学习的意义是什么呢？可是同时小美发现，好像小朋友每天从入园到离园，很多活动都有舞蹈的影子，小朋友一直都可以愉快地享受舞蹈这种活动的乐趣，这是怎么回事呢？带着这些问题，小美重新开始了自己的观察和思考……

任务一　掌握主体性韵律活动的组织与应用

学习任务

1. 熟练掌握舞蹈韵律活动组织与实践的基本知识。
2. 能运用所学知识完成舞蹈韵律活动的设计与组织，通过活动培养幼儿爱自己、爱家人、爱集体、爱祖国的优秀品德。

主体性韵律活动

学习内容

◎ **学习意义**

"动作"是幼儿认识周围世界的重要工作之一，以舞蹈训练为主要任务的韵律活动能通过动作让幼儿更好地感受音乐、训练肢体协调能力，发挥想象力、创造力，提高幼儿的舞蹈综合素养、审美情趣、情感体验等，让幼儿在活动中产生愉悦感的同时收获知识与技能，是幼儿艺术教育中必不可少的内容之一。

◎ **主体内容**

舞蹈韵律活动注重的是幼儿的协调性、节奏感、创造性等舞蹈学科知识与幼儿的身心发展的关系。因此，不能把舞蹈韵律活动引向舞蹈的专业化、成人化和技术化。在组织舞蹈韵律活动的过程中，秉持科学幼儿教育观，"以人为本"，促使幼儿能通过"身体"这一材料认识自我、丰富个性，把自己内心的真实情感和想象通过动作表现出来，形成千变万化的动作姿势与形象。舞蹈韵律活动的过程不仅仅是学习动作的过程，更是开启幼儿智慧与觉悟的过程，蕴涵着丰富的人文意义与教育发展意义，最终实现"以美育人"。

一、开展舞蹈韵律活动应遵循的基本原则

1. 科学性原则

幼儿期是身体生长发育的重要阶段，骨骼、韧带、关节等正处于不成熟发育过程。对于幼儿来说，其身体与心理发育均处于十分娇嫩的状态，特别需要细心地保护。因此，科学性原则是开展幼儿舞蹈韵律活动需特别注意的因素。教师应依据幼儿的发展水平，用科学的态度，遵循因材施教、由易到难、由简到繁、循序渐进的原则，设计和开展幼儿舞蹈韵律活动，在教学内容、教学方法上注意与幼儿的生理、心理发展程度相符合，保护幼儿身心健康。

2. 寓教于乐原则

1～6岁的幼儿对自己生活中接触到的自然现象和社会现象十分感兴趣，而且喜欢具体形象的东西，而不是枯燥抽象和静止的活动。因此，舞蹈韵律活动应遵循寓教于乐原则，突出游戏性，把舞蹈融合到游戏中，在快乐的气氛中提高学习兴趣，达到活动的目的。

3. 开放性原则

现代教育注重思维的开拓，强调培养幼儿主动适应未来社会变化的能力。因此教师应充分利用幼儿强烈的好奇心和喜欢表现自我的特点，引导幼儿自主观察、自主选择、独立思考、主动合作，鼓励幼儿大胆尝试，开放性地开展舞蹈韵律活动，最大限度地开发幼儿身体感受力，拓展幼儿想象空间，从而增长知识，培养创造性思维。

4. 融合性原则

在幼儿活动中除了舞蹈外，还会有艺术领域中的音乐、美术、戏剧及健康、语言、科学、社会等几大领域教育教学的内容。幼儿对世界的认知具有完整性，所以在进行幼儿舞蹈活动时，还要注意与其他学科的相互融合，打破学科之间的壁垒，融通不同的学科知识和能力，提高幼儿对世界和知识、技能的完整理解与掌握。

二、舞蹈韵律活动常用的组织方法

1. 情景法

情景法指在教学过程中，教师依据幼儿擅于想象、乐于体验的心理特点，有目的地引入或创设具有一定情绪色彩的、以形象为主题的生动具体的场景，从而帮助幼儿融入教学内容，目的是要在教学过程中引起幼儿积极的、健康的情感体验，直接提高幼儿学的积极性与想象力、创造力。

2. 游戏法

游戏法是将"游戏"与"教学"两者巧妙地结合在一起，使幼儿在轻松的氛围中、欢快的活动中，甚至在激烈的竞争中，通过无意注意不知不觉地完成教学任务。它能激发幼儿的学习兴趣，有利于幼儿的智力开发、情感培养、同伴交往及规则意识的建立等。

3. 示范法

示范法指教师用准确、形象、生动、富有感染力的示范动作向幼儿说明所学动作的内容、要领、做法，启发幼儿积极思维，引起学习兴趣。

4. 讲学法

讲学法又称讲解法，指教师通过口头语言，向幼儿描绘情景、叙述事实、分析动作、说明

道理的方法，是师幼互动的主要途径，是教师向幼儿直接传递教学内容的过程。

5. 任务法

任务法指教师围绕教学内容，设计具体、可操作的任务并发布，使幼儿在任务完成过程中完成学习任务。任务常以低层次、单一任务为主，能使幼儿享受活动过程，并体验到完成任务给他们带来的满足感、荣誉感，使活动成为幼儿探索自我、认识自我的重要手段。

三、不同年龄段幼儿舞蹈韵律活动的特点

1. 1～3岁低龄幼儿舞蹈韵律活动的特点

1～3岁低龄幼儿开始能够独立行走，有了基本的自由活动的能力，双手开始参与一些力所能及的活动，并且能够运用简单的语言来表达自己的意思和愿望。有意注意时间开始萌芽，以无意注意为主，通常教学时间在10～15分钟以内。一般来说，低龄幼儿有了一定的记忆能力，能记住简单的儿歌和动作，对游戏活动比较感兴趣并愿意参加，活动内容以亲子活动为主。因为她们的骨骼还较柔软，耐性差，容易疲劳，所以要注意动作幅度、力度不宜太大，时间不能过长，要注重幼儿的参与感和愉悦感。

2. 3～4岁小班幼儿舞蹈韵律活动的特点

小班幼儿有意注意时间较短，注意力不易集中，通常小班的教学时长在15～20分钟。内容上律动、歌表演、集体舞、音乐游戏都可以选择，但基本上以单一简单动作为主，不宜复杂。一般来说，小班幼儿愿意参加由教师发起的舞蹈活动，能初步体验用表情、动作、姿态与人沟通的方法与乐趣，基本按照音乐节奏做上肢或下肢的简单基本动作和模仿动作，并能在动作表演活动中使用简单的道具。在没有队形规定的情况下，能够自己选择便于活动的空间，在空间中移动时能够不与他人碰撞。形式上以游戏化为主，在活动过程中多鼓励、多表扬。

3. 4～5岁中班幼儿舞蹈韵律活动的特点

中班幼儿专注力有所提升，教学时长也可以相应延长至20～25分钟。中班幼儿已经具备了一定的主动学习和完成任务的能力，在学习内容上更加丰富和充实，形式上也更多样，可以选择一些有一定情节性的更富有表现力的内容，还可以有一些简单的队形调度，提升一点难度。他们一般能按音乐的节奏做简单的上、下肢联合的基本动作、模仿动作和舞蹈动作，能用手、脚等简单身体动作表现歌曲或乐曲的相关的形象、内容、情感。在没有合作要求的情况下能够根据现有空间情况随时调节自己的活动，在有合作要求的情况下能够同时兼顾合作伙伴和其他人的情况调节自己的活动。

4. 5～6岁大班幼儿舞蹈韵律活动的特点

大班幼儿无意注意相当稳定，有意注意持续发展，并且拥有了一定的记忆策略，对于舞蹈的情绪、情感也有了自己的思考和体验，可以在舞蹈活动中留出幼儿自由思考的时间，时长可以控制在25～30分钟以内。大班能够完成较复杂的连续动作，所以，可以选择一些不同风格、稍有难度、有一定挑战性的内容，队形也可以尝试更多样、复杂的变化。在形式设计上，活动性要更强、级别要更高，加强幼儿的合作能力。他们一般能自发地随乐曲自由舞蹈，积极参加由教师或同伴发起的舞蹈活动，能够比较准确地按音乐节奏做各种稍复杂的基本动作、模仿动作和舞蹈动作组合，能够使用已掌握的空间意识带有创造性地进行动作表演，并在更多人参加的合作表演中较好地解决空间分配问题，会更积极、熟练地运用表情、动作、姿态与人沟通。

四、舞蹈韵律活动的设计

1. 舞蹈韵律活动目标的设计

活动目标是指针对一次教学活动所明确的多层次、多维度的具体、详细、有针对性的目标，主要分为知识、技能、素养3个层面。在撰写活动目标时，要以幼儿为中心，目标的确立要符合幼儿的年龄特点，难度适中，寓教于乐，同时对幼儿的肢体发展、艺术感受和心理健康有明确的促进作用。

2. 舞蹈韵律活动的准备

活动准备是活动实施前教师和幼儿应做的准备工作，主要指经验准备和物质准备，包括环境创设，以及教师和幼儿在活动中所需要的教学音乐、舞蹈视频、挂图、多媒体、操作材料等。活动准备是否完备会直接影响舞蹈活动的质量，准备的方式可以是教师准备，也可以是师幼共同准备。

3. 舞蹈韵律活动的导入

导入是指韵律活动开始时，教师引导幼儿进入活动过程的组织方式，是活动过程的起始环节。在舞蹈活动中，导入得法能激发幼儿学习舞蹈的兴趣，培育和谐愉快的舞蹈教学环境。常用的舞蹈活动导入方法有：情景导入法、语言导入法、游戏导入法、表演导入法、直观导入法等。

4. 舞蹈韵律活动的实施

实施阶段是开展韵律活动的关键性的步骤。在实施过程中，首先，教师要注意有明确的教学指向，围绕教学目标来开展活动。其次，要有实际的教学效果，在活动开展过程中观察幼儿不仅要关注教学结果，即观察幼儿是否学会，更要关注教学的过程，即观察幼儿是否愿学、乐学、善学、会学。教学是否有利于促进幼儿的学习积极性、主动性，有利于促进幼儿对学习的好奇心与探究精神的培养，有利于促进幼儿与同伴的合作和交往等，让幼儿通过活动有收获、有提高、有进步。同时，教师还要特别注意观察幼儿在学习活动过程中的反应、反馈，及时根据幼儿的不同反应，做出积极的应对，或者将出现的情况即刻转换成新的教育契机，将活动引向更适宜、更利于幼儿发展的方向。最后，教师还要有多样的组织方法，在平时的活动中能根据不同形式的舞蹈活动，选择容易达到目标的、适合幼儿年龄特征的组织方法，让幼儿在活动中感受舞蹈与韵律的魅力，提高韵律活动的实效性。

【教学案例1】 小班幼儿歌表演《两只老虎》韵律活动设计

一、活动目标

1. 根据歌词内容想象和模仿小老虎的动作，体现小老虎的形象特点。
2. 能配合音乐节奏边唱边跳，表演《两只老虎》。

二、活动准备

小老虎头饰若干、《两只老虎》音乐、《动物世界——老虎》视频、不同姿态老虎图片若干。

三、活动过程

（一）情景导入

师：小朋友们！今天老师要带大家到大森林里去看一看，森林里有一个"森林之王"，它高大威猛、保护着整个森林里的小动物。小朋友们，我们一起来看看视频，看看这个森林之王到底是谁呢？（视频导入）

（二）模仿与想象

师：没错，这个"森林之王"就是——老虎。小朋友们想一想，刚刚我们看到视频中的老虎是什么样的呢？（展示不同体态特征的老虎图片，引导幼儿根据图片模仿老虎的体态特征，突出尖尖的牙齿、锋利的爪子、凶猛的表情等）

师：老师这里还有两只奇怪的老虎，大家看看它们哪里很奇怪。（展示没有尾巴和耳朵的老虎图片，培养幼儿的观察能力）请小朋友模仿两只奇怪的老虎。

选出两个模仿奇怪老虎动作最像的小朋友，请小朋友跟随他们进行动作模仿，老师引导示范。

（三）主题动作教学

1. 回顾歌曲《两只老虎》，边唱边跟音乐节拍拍掌。

我们学过一首关于老虎的儿歌，小朋友们还记得吗？让我们一起来回忆一下这首歌曲——《两只老虎》，请大家跟着伴奏一起来演唱吧！

2. 选出小朋友喜欢的几个动作并引导幼儿根据歌词创编相应的动作。

3. 小朋友跟着老师，边唱边跳，完成歌表演。

（四）教学延伸

1. 请小朋友们想一想，除了小老虎，你还喜欢哪些小动物呢？请模仿你喜欢的小动物，让其他小朋友猜猜你模仿的是什么小动物。

2. 请小朋友回到家里向自己的爸爸妈妈介绍一下这两只奇怪的小老虎，并表演给爸爸妈妈看。

课堂练习

1. 简述幼儿舞蹈活动中常用的组织方法。
2. 简述幼儿舞蹈活动的设计思路和步骤。
3. 分小组讨论，尝试完成一个幼儿园大班音乐游戏舞蹈活动的教学设计。

课后任务

1. 请完成一个幼儿园自娱性舞蹈活动的教学设计。根据你即将去幼儿园见习的班级，自选年龄段和内容。

2. 请在幼儿园见习期间，给所在班级幼儿上一节韵律活动课，并录制好视频，写好教学反思。

任务评价

评价主体	评价内容	评价效果	备注
老师评价	目标清晰	优（ ）良（ ）中（ ）差（ ）	
	设计合理	优（ ）良（ ）中（ ）差（ ）	
	方法应用	优（ ）良（ ）中（ ）差（ ）	
	年龄段特点	优（ ）良（ ）中（ ）差（ ）	

续表

评价主体	评价内容	评价效果	备注
小组评价	团队协作	优（ ）良（ ）中（ ）差（ ）	
	设计合理	优（ ）良（ ）中（ ）差（ ）	
	手法创新	优（ ）良（ ）中（ ）差（ ）	
	组织流畅	优（ ）良（ ）中（ ）差（ ）	
自我评价	定义理解	优（ ）良（ ）中（ ）差（ ）	
	方法掌握	优（ ）良（ ）中（ ）差（ ）	
	设计合理	优（ ）良（ ）中（ ）差（ ）	
	表现自信	优（ ）良（ ）中（ ）差（ ）	

任务二　掌握辅助性韵律活动的组织与应用

学习任务

1. 了解奥尔夫音乐教学体系及特点，并从中萃取可促进幼儿各领域发展的要素与方法。
2. 思考并发掘韵律活动在其他领域教学中的辅助性作用。
3. 思考并探索韵律活动辅助特殊幼儿、特殊情况调节与矫正的积极促进作用。

学习内容

◎ **学习意义**

德国著名音乐教育家卡尔·奥尔夫说："让孩子自己去寻找，自己去创造音乐，是最重要的。"游戏化韵律活动通过多感官协调配合，启迪幼儿智慧，提高幼儿动手、实践、合作、创造等能力，将属于人的原本的唱、奏、动、舞、念、游戏等等能力自然地引导出来，让幼儿在自然成长中得到全方面提高，而不是进行单一的音乐技能技巧训练。同时基于幼儿对事物和世界完整性认知的特点，跨学科融合、整体教育是幼儿园区别于大中小学教育的最大特点之一。不以单一学科为界限，而以领域划分，在教学中教师常常会运用多种教学手段将知识的整体性体现得更加充分，还原生活本原。

◎ **主体内容**

一、奥尔夫音乐教学辅助其他领域教学活动

奥尔夫课程体系内容主要包括嗓音造型、动作造型和声音造型3个方面，这其中包括由嗓音

与器乐或其他各种物品产生的声音类型，配以简单的身体动作。所以以奥尔夫音乐教学为代表的音乐与韵律活动相配合的手段的运用与不断丰富的发展，极大地拓宽了音乐教育和其他领域教育的教学形式，能有效提升幼儿园综合教学效益。

（一）语言领域教学韵律活动的设计与组织

幼儿园语言教育活动是指以幼儿为主体，以语言为客体的一种有目的、有计划的教学形式。其根本目的是在教师的指导下，幼儿积极主动地与人、与周围语言环境不断地进行交互，从而获得语言能力的发展和提高。

语言教育活动的内容，包括了词汇、口语表达、讲述与朗诵儿童文学作品。在语言教育活动设计中，活动目标及内容应贴近幼儿实际，运用先进的、科学的手段和方法，建构良好的师幼互动以及培养幼儿的多种语言能力。奥尔夫音乐教学则是结合节奏朗诵以及韵律动作，培养幼儿讲述与朗诵儿童文学作品（培养幼儿学习艺术语言），韵律动作可增强幼儿的理解与记忆。因此，奥尔夫音乐教学的方法可成为语言教育活动教学的有效手段。

【教学案例2】 音乐故事表演《大象郊游奇遇记》（大班）

设计意图：3～6岁是幼儿语言发展的重要时期。语言表达不仅有对文字的理解把握，还有发言练习及思维训练等多个要素，幼儿如何将自己的想法与事物通过思维转换，再通过语言系统整合后清楚地表达出来，需要在幼儿时期进行科学的训练才能正确形成。韵律化情境游戏活动可以有效帮助幼儿在轻松自由的学习环境中，自主性地进行学习理解、想象创造、语言组织、大胆表达，通过"学中玩"最终达到"玩中学"的学习目的。

一、活动目标

1. 根据音乐学习用语言和动作表现故事情节。
2. 根据音乐节奏进行表演，锻炼幼儿的专注力。
3. 享受表演带来的乐趣，体验游戏的快乐。

二、活动准备

音乐、PPT课件。

三、活动过程

（一）导入部分

1. 师：如果你拥有魔法，你最希望自己可以变成什么呀？

（幼儿自由回答，教师适时总结。）

教师总结：大家都有很多的想法，那么其实今天X老师是一个拥有魔力的老师，我要施魔法把你们全部变成一种小动物。

2. 师：猜猜你们即将要变成的小动物是什么？

（教师出示动物的部分身体部位，引起幼儿注意力。）

3. 公布是要变成"大象"。

（与幼儿一起"变成"大象，抖抖大耳朵，甩甩长鼻子。）

4. 引出郊游活动。（天气阳光明媚，出发郊游）

师：刚刚大象老师过来上课的路上发现今天的天气非常好，所以呢，我决定要出发去郊游啦!

师:你们想去吗?要不要和我一起出发去郊游呀!

(二)基础部分

师:那就让我们一起出发吧!一起看看在郊游的路上会不会遇到神奇、有趣的事情吧!要打开嘴巴把神奇、有趣的事情说出来给大象老师听。

师:出发!

1. PPT一页一页地展示。

(教师带领幼儿一同观看,并且每个环节间都用《郊游》这首音乐进行过渡。)

2. 见到好朋友。

师:见到好朋友我们可以怎么打招呼?还可以说些什么呢?

(你好,hello……见到你好开心……)

3. 见到池塘。

师:哎呀,我们发现了什么东西呀?是个大水塘,那我们可以和大水塘说些什么?做些什么呢?

(池塘你好呀!我们一起玩游戏吧!我要把你吸进我的鼻子里!我要把你喷出来!)

4. 见到了望远镜。

师:拿起来看看可以看到什么呀!(看到幼儿眼睛看到的东西)

师:过来看这里,看到什么?(有一只大象屁股脏脏的……)

师:它需要我们帮忙弄干净,我们可以怎么办呢?(幼儿自由发言)

5. 见到了大象变干净了。

师:呦嚯,干干净净的啦,大象说谢谢你们。(幼儿自由发言)

6. 见到了自己的家了。

师:我们回到哪里啦?(回到我们的家啦!郊游好开心呀!我们下次还要郊游呀!)

(三)音乐部分

1. 播放音乐《郊游》,一起做律动,师幼合作表演。

师:刚刚我们去外面郊游了,见到了很多神奇、有趣的事情。现在让我们跟着音乐再郊游一次吧!再看看那些神奇有趣的事情吧!

2. 加深幼儿印象,幼幼表演。(本轮课重复进行)

3. 教师可以随机变换动作。

(四)结束部分,教师总结

大象郊游奇遇记

(二)社会领域教学韵律活动的设计与组织

幼儿园社会教育活动是指以发展幼儿的情感——社会性为目标,以促进幼儿的社会认知,激发幼儿的社会情感,培养幼儿的社会行为为主要内容的教育活动,其意义是引导幼儿在社会认知、社会情感及社会行为方面协调发展。社会教育活动的内容包括人际关系、社会环境、社会规则以及社会文化。

【教学案例3】 社会领域活动"我的家乡在东莞"(大班)

设计意图:《3~6岁儿童学习与发展指南》中指出:幼儿的社会领域的学习和发展是其社会性不断完善和发展的过程。在社会领域活动中,利用社会资源进行教学是幼儿园教学中的一大特色。以广东省东莞市沙田中心幼儿园为例,园所依托附近的虎门纪念馆、虎门港、虎门大桥、中国散裂中子源基地、东莞展览馆等，引导幼儿了解家乡与祖国的历史文化及国家高端科技发展情况，并通过融入奥尔夫音乐教学发展幼儿社会认知能力，引导幼儿感知祖国与家乡的巨变，激发幼儿爱家乡、爱祖国的情感。大班幼儿正处于具体形象思维向抽象思维发展阶段，为遵循大班年龄特点，利用希沃白板技术生动形象地设计"我的家乡在东莞"这一社会活动，以律动游戏"开火车"为主线，介绍自己的家乡——东莞，充分调动幼儿的学习兴趣，使幼儿快乐、积极地参与活动，并愉快地向他人介绍，培养幼儿的家乡荣誉感与文化自信心。

一、活动目标

1. 了解家乡东莞优秀的历史文化以及城市的变化和发展。
2. 能大胆说出对虎门港、虎门大桥、中国散裂中子源基地、东莞展览馆的感受及其主要特征。
3. 萌发热爱家乡、热爱祖国的自豪感。

二、活动准备

1. 物质材料准备：PPT（展示虎门港、虎门大桥、中国散裂中子源基地、东莞展览馆）、音乐《开火车》。
2. 知识经验准备：与父母一起参观过虎门港、虎门大桥、中国散裂中子源基地、东莞展览馆或者查询和了解过相关知识。
3. 环境创设准备：座位摆成火车厢形状。

三、活动过程

（一）播放音乐《开火车》，以律动游戏导入，引出活动主题

师：今天老师想和小朋友们分享一个好玩的游戏"开火车"，呜呜呜火车要出发了，小朋友们赶紧上车吧。

（二）调动幼儿表达的积极性

在玩"开火车"游戏的过程中，依次经过虎门港、虎门大桥、中国散裂中子源基地、东莞展览馆，调动幼儿已有经验，激发幼儿对所见所闻进行语言表达。

1. 游戏过程中以问答形式引导幼儿说出这是哪里，引发幼儿讨论，再次出发，最终到达终点站东莞展览馆。

师：呜呜呜……火车出发啦！呜呜呜……火车到站啦，这是哪一站？

2. 火车到达终点站——东莞展览馆，幼儿落座。

（三）激发幼儿的家乡荣誉感

借助希沃白板以东莞展览馆视角，生动形象地引领幼儿感受东莞发展历程、发展成就和发展图景，激发幼儿的家乡荣誉感。

1. 教师借助PPT形象生动地引领幼儿回忆路过景点，依次对各个景点展开名称和主要特征的介绍。

师：刚才火车路过的站台都有哪些？谁可以说说哪个最好玩？（鼓励幼儿大胆地用自己的语言进行表述）

小结：虎门港是我国、我省重要的港口，国内外各种物品都要从这里转运。虎门大桥将我们广东和澳门、香港连接在一起。中国散裂中子源基地坐落于东莞，汇集了来自世界各地的高科技人才，研究各种厉害的科学技术，给我们生活带来便利。

2. 借助希沃白板功能认识东莞展览馆，生动形象地再现了东莞发展历程、发展成就和发展图景。

（四）结合景点视频进行总结性谈话，激发幼儿对家乡的热爱

师：你觉得我们的东莞有趣吗？

小结：在东莞展览馆中，我们发现东莞有意思的地方还有很多很多，和爸爸妈妈一起游一游这些美丽的地方并介绍给更多的朋友。

（五）活动延伸

活动结束后，幼儿可结合自己所学习到的知识，在节假日时再次与爸爸妈妈一起参观虎门港、虎门大桥、中国散裂中子源基地等景点，化身为小导游，为爸爸妈妈介绍我们东莞的特色文化，并以视频的方式记录下来，分享给更多的人。

我的家乡在东莞

二、感统训练辅助教学活动

感统训练即感觉统合训练，是指基于幼儿的神经需要，引导对感觉刺激作适当反应的训练，此训练提供前庭（重力与运动）本体感觉（肌肉与感觉）及触觉等刺激的全身运动，其目的不在于增强运动技能，而是改善脑处理感觉资讯与组织并构成感觉资讯的方法，是脑功能的神经功能。感统训练的关键是同时给予儿童前庭、肌肉、关节、皮肤触摸、视、听、嗅等多种刺激，并将这些刺激与运动相结合。

（一）健康领域教育活动的组织（特殊问题）

幼儿园健康教育活动是根据幼儿身心发展的特点，以提高幼儿的健康认识、改善幼儿的健康态度、培养幼儿的健康行为、维护和促进幼儿的健康为核心目标而开展的有组织、有计划、有目的的一系列教育活动，引导幼儿形成正确的行为能力。

健康教育活动的内容包括身体健康与心理健康教育活动。幼儿期是感统协调发展的关键时期，为降低幼儿感统失调，保证幼儿健康成长，保教工作应尤为注重加强幼儿感统发展训练，训练方法着重表现在多感官协调一致的训练及身体健康教育活动。

【教学案例4】 健康领域活动设计"韵律踏板"（中班）

设计意图：中班幼儿通过一年时间学习，积累了一定的韵律活动经验，动作能力有了较大发展，他们的动作更加轻松、灵活，喜欢通过身体来感受音乐、用动作来表达音乐。《幼儿园教育指导纲要（试行）》（以下简称《纲要》）指出要利用丰富的活动形式帮助幼儿发展身体平衡能力和协调能力。因此将韵律活动融入体育游戏中，促使幼儿听着欢快的音乐在踏板上弹跳，在体验游戏带来的乐趣的同时锻炼身体、增强体质，发展肢体灵敏性、协调性与韵律感。

一、活动目标

1. 学习前后走、交叉跳、左右走、左右跳的动作技能。
2. 能结合音乐有节奏地跳动，控制身体协调性。
3. 喜欢玩体育律动游戏。

模块五 幼儿韵律活动的组织与应用

二、活动准备

1. 知识经验：积累了一定的韵律活动经验。
2. 物质材料：单人踏板若干、蓝牙音箱、音乐《Dance Monkey》
3. 环境创设：平坦空旷的场地。

三、活动过程

（一）准备活动

教师引领幼儿感受音乐节奏并热身。

（二）游戏过程

1. 教师喊节奏，以慢动作带幼儿玩前后走、交叉跳、左右走、左右跳的游戏。
2. 教师引导幼儿根据慢速音乐节奏在踏板上跳动，让身体活动起来。
3. 教师创设游戏情境，结合音乐，在音乐跳动间有节奏地模仿小动物动作，如竖起耳朵的小兔子。
4. 巩固提升，恢复正常速度。
5. 加大难度，幼儿根据音乐节奏自己创编动作，在踏板上跳动。
6. 模仿蝴蝶等小动物，动作轻缓地放松身体。

韵律踏板

（二）科学领域教育活动的组织

幼儿园科学教育活动是指幼儿在教师的指导下，通过自身的活动，对周围物质世界进行感知、操作，发现问题、寻求答案的探索过程。

科学教育活动内容包括幼儿常见的自然现象及其与人类、动植物的关系，幼儿周围的物质世界及其相互关系以及生态环境教育，幼儿日常生活中常见的科技产品及其对人类的影响，以及人体的奥秘及其保护。

幼儿大脑尚在快速发育阶段，在"自由空间"状态时，面对运动中的空间状态变化，幼儿难以快速把握方位与方向。幼儿园教学中常常借助韵律活动的方法，例如在幼儿身上佩戴某种身体标记，帮助幼儿进行"以自身为定位参照标准"的左右方位提示，有效减少幼儿空间认知成本，解决角色方位记忆困难的问题。"寓教于乐"，使幼儿在愉悦活动状态中，较好地发展自身感知能力、空间想象能力和运用符号解决问题的能力。

【教学案例5】 数学活动"舞动的虎门港"（中班）

设计意图：《纲要》中指出科学教育应密切联系幼儿的实际生活进行，引导幼儿对生活中的空间现象产生兴趣，并学习用简单的数学方法解决生活和游戏中的问题。最近中班幼儿对负责控制南来北往的虎门港运输的指挥员感兴趣，特创设情境并结合韵律活动"舞动的虎门港"，以此发展幼儿的方位知觉、对立体空间的判断力，同时模拟体验现代化工作情境。

一、活动目标

1. 在掌握以自我为中心分清前后的基础上区分左右。
2. 能在律动游戏中快速区分自我为中心的左右。
3. 体验与老师、同伴之间进行数学游戏的快乐。

二、重点难点

重点：通过游戏不断重复、巩固空间方位，达到牢固记忆的目的。
难点：能区分以自我为中心的左右。

三、活动准备

1. 物质材料准备：音乐《外星人来了》，呼啦圈若干，奶粉罐若干，希沃白板课件"舞动的虎门港"，图形即时贴若干。
2. 知识经验准备：幼儿能区分以自我为中心的前后方位。

四、活动过程

（一）谈话导入，引出活动主题

师："小朋友们，今天老师接到虎门港指挥员的电话，我们一起听听他说什么？原来他想找合格的虎门港小小指挥员，谁可以挑战？"

（二）第一关问答游戏

看谁反应快，在游戏中复习以自身为中心区分"前后"的空间方位。
老师发出指令：×××的前方是谁？×××的后面是谁？幼儿作答。
小结：大家太棒了，快速地说出自己前后的小朋友的名字，成功闯过第一关。

（三）第二关游戏：引出新知识，以自身为中心"区分左右"

1. 发现自身的左右。

师：欢迎来到第二关。小朋友们，你们平时用哪只手写字？哪只手拿筷子？请举起来。
小结："这只手是右手，右手真棒，能做好多的事情，我们一起给它奖励一个大的贴贴图形，另外一只是左手，今天我们来学习区分左和右。"

2. 游戏：看谁做得对。

幼儿根据教师的指令做相应的动作，开始速度可以慢点，随后游戏速度由慢变快。例如，举起你的右手（贴有贴贴），用你的右手摸你的右腿，用你的右手摸你的右耳朵，用你的左手摸你的左眼睛，用你的左手指你的左鼻孔，左脚跳一下，右脚踏两下，等等。

小结：小朋友们都渐渐学会区分自己的左右了，真棒。

（四）巩固提升，强化幼儿快速判断和区分自身前后左右的能力

小朋友们跟随音乐，跟着虎门港指挥员跳律动《舞动的虎门港》。

注：① 教师可为音乐《外星人来了》配音。动作要求：律动动作可结合音乐节奏与左右方位，模仿指挥大吊车把货物装在货轮上，如手臂指挥左边货物运送到右边，右边货物运送到左边，前面货物左转半圈运送到后面，后面货物右转半圈运送到前方。② 制作希沃白板课件"虎门港指挥员来电"，可以搜指挥员动图，并配音："小朋友们好，我是虎门港指挥员，大家都知道虎门港是我们非常重要的货运港口，现在我生病了，想在我们小朋友中找一名合格的小小指挥员去帮助我指挥货轮离港入港，不然要出大问题了。但是要想成为一名合格的小小指挥员必须得通过考验，谁可以挑战？""恭喜小朋友们都成为合格的小小指挥员。"

简而言之，熟练运用奥尔夫教学体系、感统训练的教学与训练方法，并发现韵律活动与奥尔夫教学体系及感统训练的共性领域，通过丰富的韵律活动形式，在增加各领域教育教学趣味性的同时促进幼儿各领域的综合发展，是幼儿保教工作者需要在实践工作中不断探索和研磨的新方法、新方向。

舞动的虎门港

>> **实践任务**

设计一个幼儿五大领域中某个领域的教学活动,其中包含通过韵律活动来辅助教学,提高教学效果的形式,并在幼儿园教育教学活动中实践。

>> **任务评价**

评价主体	评价内容	评 价 效 果
学校教师或幼儿园带班老师评价	观察细致	优( ) 良( ) 中( ) 差( )
	理解幼儿	优( ) 良( ) 中( ) 差( )
	韵律创编合理	优( ) 良( ) 中( ) 差( )
	多策略运用恰当	优( ) 良( ) 中( ) 差( )
	善于捕捉教育时机	优( ) 良( ) 中( ) 差( )
	促进幼儿发展	优( ) 良( ) 中( ) 差( )
	态度热情	优( ) 良( ) 中( ) 差( )
	工作成效	优( ) 良( ) 中( ) 差( )
自我评价	工作态度	优( ) 良( ) 中( ) 差( )
	职业意识	优( ) 良( ) 中( ) 差( )
	运用合理	优( ) 良( ) 中( ) 差( )
	工作成效	优( ) 良( ) 中( ) 差( )

任务三　掌握融合性韵律活动的组织与应用

1. 了解幼儿园一日活动与幼儿园园本课程、特色课程,并从中探索韵律活动可切入的方式。
2. 理解并掌握将韵律活动巧妙地融入幼儿一日活动与园本课程、特色课程中,通过整体教育促进幼儿综合发展。

◎ **学习意义**

著名教育家陶行知提出"生活即教育,一日生活皆课程",即"幼儿园不能只把集体活动视为幼儿的学习活动，而应将幼儿一日生活的各个环节都赋予教育意义——生活教育化、教育生活化"。同时基于幼儿对事物和世界完整性认知的特点，在一日活动或各类教育活动与特色课程中融合韵律活动，可以为幼儿园教学与生活增添极大的吸引力和趣味性，激发幼儿在愉悦的情绪体验中快乐地学习与生活，与此同时将美育融入生活，化于无形。

◎ 主体内容

一、融合一日活动

幼儿园一日活动是指幼儿从入园到离园的一天时间里，在幼儿园室内外各个空间里所发生的全部经历。幼儿园一日活动以游戏为基本活动，寓教育于各项活动之中。以广东省为例，广东省教育厅印发的《广东省幼儿园一日活动指引（试行）》中，根据幼儿活动的属性，把幼儿园一日活动划分为4种类型：生活活动、体育活动、自主游戏活动和学习活动。

（一）生活活动

生活活动是指满足幼儿基本生活需要的活动，主要包括幼儿入园、进餐、饮水、盥洗、如厕、睡眠、离园等环节。生活活动贯穿于幼儿的一日活动中，旨在帮助幼儿发展生活自理、与人交往、自我保护等能力，融入韵律活动，可通过趣味活动形式帮助幼儿逐步养成健康的生活规则和习惯。

【教学案例6】 活动设计"我爱刷牙"（中班）

设计意图：《纲要》明确指出要保证幼儿的身心健康，必须培养幼儿良好的生活习惯和卫生习惯，这也是幼儿健康领域的重要任务。随着幼儿逐渐成长，幼儿的生活自理能力开始逐步提高，但是由于许多幼儿自我意识增强，进入中班后渐渐出现厌烦刷牙的态度，加之刷牙过程不够科学，刷牙习惯不好，清洁不彻底，所以部分中班幼儿开始出现不同程度的蛀牙。牙齿的健康对幼儿的生长发育尤为重要，为了引导幼儿用正确的方式刷牙，特将正确的刷牙方式结合音乐创编成律动，以韵律活动的形式引导幼儿快乐刷牙，学习科学、正确地刷牙，最终培养幼儿刷牙、护齿的良好生活习惯。

一、活动目标

1. 通过刷牙韵律活动，爱上刷牙。
2. 通过玩刷牙律动游戏，掌握正确的刷牙步骤。
3. 能跟随音乐有节奏地、正确地刷牙。

二、活动准备

1. 知识经验准备：幼儿在健康活动中认识到刷牙的重要性，掌握刷牙技巧以及正确的刷牙步骤。
2. 物质材料准备：牙刷、刷牙杯若干，音乐《我爱刷牙》。
3. 环境创设准备：干净整洁的水池，摆放有序的牙杯、牙刷。

三、活动过程

（一）导入

教师播放音乐，幼儿在音乐声中手舞足蹈地来到洗漱池拿自己的牙刷和牙杯。

（二）刷牙

教师引导幼儿根据音乐《我爱刷牙》做律动，愉快地刷牙。

1. 幼儿有序排队。
2. 正在刷牙的幼儿根据律动歌词有节奏地按步骤正确刷牙。
3. 教师带领正在排队等待刷牙的幼儿跟随音乐和同伴一起边唱歌、边愉快且有节奏地做刷牙动作。

（三）幼儿依次轮流刷牙

动作提示：

我是小牙刷，（出示牙刷摆动）

我最爱刷牙。（用牙刷做刷牙的动作）

上刷刷，下刷刷，（用牙刷做上刷刷、下刷刷的动作）

左刷刷，右刷刷，（用牙刷做左刷刷、右刷刷的动作）

里面外面都要刷。（用牙刷和杯子摆动）

水和牙膏别吞下，（用牙刷和杯子交叉摆动）

我们一起来刷牙。（两个幼儿面对面摇摆）

刷得牙齿白花花，（牙刷刷牙，两手往上打开、放下）

韵律活动融入幼儿刷牙环节，将韵律活动与生活活动有趣结合，使得幼儿在愉悦的情绪体验中掌握正确的刷牙方法，养成良好健康的生活习惯。

我爱刷牙

（二）体育活动

体育活动主要是指在运动场上，通过器械运动、自然因素的锻炼、律动、体操等形式开展的日常运动。体育活动能增强幼儿运动能力和环境适应能力，增进幼儿大肌肉及神经血液循环系统的发展，是幼儿形成健康体魄、愉快情绪的重要途径。体育活动包括体育集体活动、自选活动和体操3个方面，韵律活动的融入可以极大地促进这3个方面活动的完成效果。韵律操就是韵律活动融入健康活动的最典型代表，除此之外，韵律活动在日常的体育课程的热身环节也很常用，目的在于提高各关节的灵活性和柔韧性，能迅速锻炼到全身肌肉。

【教学案例7】 体育活动设计"抗毒小战士"（小班）

设计意图：《纲要》指出"用幼儿感兴趣的方式发展基本动作，提高动作的协调性、灵活性。"这就要求活动要从幼儿的兴趣点出发，贴近幼儿生活实际，结合当下疫情创设情境，并将韵律活动融入体育活动，使体育游戏形式趣味多样化，激发幼儿参与体育游戏兴趣，这样才能"以幼儿为本"，真正体现幼儿在活动中的主体性。因此特设计"抗毒小战士"这一体育活动。

一、活动目标

1. 了解投掷、钻爬、攀登的基本技巧。
2. 尝试身体平稳地走过低矮物。
3. 在集体游戏活动中，体验合作带来的乐趣。

二、活动准备

1. 知识经验准备：有尝试在低矮物体上行走和进行简单的攀登、投掷。
2. 物质材料准备：蓝牙音响，音乐《A Ram Sam Sam》，器材有沙包若干、矮平衡木、拱门，

"奥密克戎病毒"（黑板）。

3. 环境创设准备：平坦空旷的场地。

三、活动过程

（一）情境导入，热身活动

1. 创设情境。

师：小朋友们，今年疫情很严重，由于那些坏蛋病毒的入侵，导致很多人生病，病毒们非常嚣张，所以老师要组建一支抗毒战士队，帮助人们击败病毒，让咱们的医生阿姨、叔叔们可以休息。现在我就邀请聪明、勇敢的小朋友们一起做抗毒小战士。

2. 听音乐《A Ram Sam Sam》，在初步感知音乐节奏的基础上做热身活动。

教师组织队形、示范动作，有节奏地带领幼儿进行热身。

师：在去攻打病毒之前，我们先准备准备，活动开身体，充满能量。

（二）闯关游戏

1. 教师示范。

师：小朋友们，我们要去打败病毒，可是病毒很狡猾，给我们设计很多障碍和陷阱，我们得学一些本领来对付病毒，现在老师传授给小朋友们一个战斗秘诀。现在我们来看看通往病毒的老窝的路，一起来探探路……

（1）第一关：穿越病毒河。师：小朋友们，我们现在来到了第一关，病毒河……（请幼儿示范身体保持平衡通过独木桥）

（2）第二关：电网丛林。师：小朋友们，我们现在来到了第二关，电网丛林……（请幼儿示范钻爬过拱门）

（3）最后打击病毒，回到队伍。（请幼儿示范用沙包投掷黑板）

2. 所有小朋友，尝试通关。

3. 战队比拼，竞赛通关。

师：小朋友们非常棒，都掌握了战斗的本领，现在我邀请2组小朋友们来比赛，看看哪一组的小战士最快通关，打败病毒。

（三）交流讨论经验

师：恭喜××队获胜，实在是太棒了，让我们来采访一下抗毒小战士胜利的秘诀。（引导幼儿讨论动作要领，适时夸奖）

（四）放松运动

师：我们已经成功战胜了病毒，现在跟随音乐（《A Ram Sam Sam》）做律动，放松、庆祝一下。

注：律动要融入简单的轻柔击打病毒的动作。

抗毒小战士

（三）自主游戏活动

自主游戏是指幼儿在游戏情境中根据自己的兴趣和需要，以快乐和满足为目的，自由选择、自主展开、自发交流的积极主动地活动的过程。自主游戏活动能够满足幼儿的个体需要，促进幼儿在自发、自主、自由的活动中发展想象力、创造力、交往合作能力及提升好奇、探究的品质。

【教学案例8】 自主游戏活动"会跳舞的冰墩墩"(大班)

设计意图:随着冬奥会的落幕,孩子们跟随冰墩墩享受了一场冰上视觉盛宴,给我们疫情之下的学习与生活增添了一些乐趣。《3～6岁儿童学习与发展指南》指出"根据幼儿的生活经验,与幼儿共同确定艺术表现主题,引导幼儿围绕主题展开想象,进行艺术表现。"因此,我们创编了"会跳舞的冰墩墩"音乐律动游戏,并创设了冰墩墩坐着复兴号从北京来到广东省东莞市,在东莞市沙田文化艺术中心和小朋友们一起快乐起舞的游戏情境,以此激发孩子们进入音乐表演区进行自主游戏的兴趣。

一、活动目标

1. 幼儿跟随音乐节奏,愉快、自由地舞蹈。
2. 尝试创作简单的动作或借助沙锤、铃鼓、手串铃表现音乐节奏。
3. 学会自主进行角色分配,能为表演选择和搭配简单的服饰和乐器,并配合他人有节奏地进行律动表演。

二、活动准备

1. 知识经验准备:幼儿在音乐活动中玩过"会跳舞的冰墩墩"律动游戏,能跟随音乐做动作、打节奏。
2. 物质材料准备:冰墩墩头饰、装饰品、话筒、沙锤、铃鼓、响板、动画音乐《会跳舞的冰墩墩》。
3. 环境创设准备:乘坐复兴号来到东莞沙田文化艺术中心的冰墩墩背景墙、动画音乐《会跳舞的冰墩墩》的节奏图谱(希沃白板)。

三、活动过程

(一)区域活动开始,幼儿进入音乐表演区商讨表演节目内容以及角色分配

幼儿进入音乐表演区商讨与坐着复兴号从北京来到沙田艺术中心的冰墩墩一起表演律动游戏"会跳舞的冰墩墩",接着幼儿进行角色分工,有的扮演冰墩墩,有的做主持人,并挑选和搭配表演区所提供的头饰、装饰品,大家兴趣十足。

(二)用简单的动作有节奏地表演"会跳舞的冰墩墩"游戏

1. 扮演主持人的幼儿报幕,并操作希沃白板播放音乐动画图谱"会跳舞的冰墩墩"。
2. 扮演冰墩墩的幼儿根据所学"会跳舞的冰墩墩"的律动情节,结合音乐节奏创编表演动作。

(三)幼儿自主选择乐器,创编简单动作,有节奏地表演"会跳舞的冰墩墩"游戏。

1. 教师引导幼儿自主讨论如何表演不一样的"会跳舞的冰墩墩",幼儿商讨根据音乐表演区所提供的乐器沙锤、铃鼓、手串铃以及所学律动自主创编舞蹈动作,表演不同的节奏型。
2. 小主持报幕,再次表演不一样的"会跳舞的冰墩墩"游戏。

(四)活动结束

幼儿集体谢幕,送别冰墩墩。

自主游戏"会跳舞的冰墩墩"

（四）学习活动

学习活动是指教师采用游戏、谈话、实验、操作、实地参观、听赏、表演等多种方式，有目的、有计划地引导幼儿通过直接感知、实际操作和亲身体验获取经验，帮助幼儿逐步养成积极主动、认真专注、敢于探究和尝试、乐于想象和创造等良好学习品质。学习活动包括活动准备、活动实施和活动评价三个环节，教师通过集体、小组和个别学习的方式组织学习活动。在三个环节中，韵律活动都可以起到不一样的作用。（韵律活动融入学习活动中的案例可参考以上教学案例2～教学案例5）

二、融合园本教学

《纲要》明确指出："教育活动的组织与实施过程是教师创造性地开展工作的过程。教师要根据《纲要》，从本地、本园的条件出发，结合本班幼儿的实际情况，制订切实可行的工作计划并灵活地执行。"因此，园本课程是相对于中小学的校本课程而言的，它是指在相关的法律法规及政策指导的基础上，充分考虑到幼儿园的环境和条件等现实因素，并全面了解幼儿的真实需求，最后建立在该园为幼儿开展主题的课程。如何在园本课程中巧妙地融入韵律活动，形成更有特色和教育意义的园本课程，是保教老师必须要进一步思考和探索的实际工作，也是保教老师专业成长的重要途径。

（一）主题课程

所谓主题教育活动就是指在或长或短的一段时间内，围绕事先选择的主题组织教育活动。旨在打破各学科之间的界限，围绕着选定的主题，将各种学习内容有机联系在一起，加强知识之间的横向联系。而韵律活动通过主题方式导入是与作品导入、技能导入并行的三种独立设计思路之一。作品导入的系列活动，像《闪烁的小星》或《胡桃夹子》等，活动设计是紧紧围绕对作品教育价值的深挖、拓展层层深入。而"跑跳步""手腕花"等技能的导入，活动设计是紧紧围绕对技能教育价值的深挖、拓展来进行的。

> **【教学案例9】** 劳动教育主题韵律活动"种植的乐趣"（大班）
>
> 设计意图：大班幼儿好奇、好问，乐于通过自主体验探索大自然的奥秘。但是随着国家的发展、城市化进程的加快，幼儿的物质生活日益优越，网络、电视等虚拟世界使他们渐渐远离了大自然，许多幼儿亲身体验劳动的机会也正在逐步丧失。为了让幼儿亲近大自然、了解生命过程，掌握特有的劳动技能，形成爱劳动的习惯与意识，沙田中心幼儿园特色劳动课程中特融入律动《一粒豆》，并结合动态视频课件设计此劳动主题活动"种植的乐趣"，希望幼儿能够通过律动、课件了解植物生长规律之后，动手种植，并在观察、实践、操作、交流分享中，掌握种植的要领及科学的观察、记录方法。既能满足幼儿的探索欲望，激发起幼儿的生命意识，又能让幼儿体验到劳动带来的快乐，充分发挥其教育作用。
>
> **一、活动目标**
>
> 1. 了解种植的过程与植株生长所需要的基本条件。
> 2. 能独自种植，掌握正确的种植方法，并积极参与讨论，大胆发表自己的见解。
> 3. 感受种子生长的神奇，体验种植劳动带来的快乐。

二、重点难点

重点：了解种植的过程与植株生长所需要的基本条件。

难点：锻炼幼儿能独自种植，掌握正确的种植方法，并积极参与讨论，大胆发表自己的见解。

三、活动准备

1. 知识经验准备：区域活动时玩过种植角。
2. 物质材料准备：收集豌豆种子、铲子、喷壶、雪糕棒、小碗等工具，音乐《一粒豆》，希沃白板课件。
3. 环境创设准备：用桌子拼成的种植园。

四、活动过程

（一）激发幼儿的兴趣，进行种植前的猜想

1. 请幼儿观看种子发芽的录像，引发幼儿兴趣。

师：小朋友，豌豆种子是怎么长大的？你觉得神奇吗？种子萌发之后植株又是如何生长的呢？植株生长到一定程度会怎样呢？（教师积极鼓励幼儿进行回答，并及时给予表扬）

2. 调动幼儿已有的经验，和幼儿一起讨论种植的方法。

（1）引导幼儿互相讨论，讲述种子的种植过程。

知道怎样把豌豆种子种到地里，以及种子种好以后，需要做哪些事情。

（2）教师和幼儿共同梳理豌豆种子种植的过程及经验，明确种植方法，以类似的经验方法培育植株。

3. 幼儿分组在适宜的场所进行种植活动，教师进行重点指导。

（二）探索种植的条件

将若干株相同的植株分别种在水量适中与干旱、见光与阴暗、室温与低温条件下，分组观察不同条件下的植株生长状况，以照片记录生长情况。

（三）结果展示与品尝劳动果实

引导幼儿分组汇报在不同情况下植株生长的状况，说一说哪种条件下生长的植株最茂盛。

1. 以照片的形式展示自己小组的结果。
2. 全班讨论哪种条件下适宜植株的生长发育。
3. 小组讨论为什么各组相同的条件下不同的植株生长不同。
4. 幼儿讲述劳动的过程及感受。
5. 享用劳动果实。

（四）巩固提升，引导幼儿将种植过程编成儿歌律动《一粒豆》。

教师引导幼儿根据自己的观察和想象，运用肢体动作，结合音乐节奏，模仿小豆子生长发育过程，创编一个简单的模仿律动。

种植的乐趣

（二）专项课程

幼儿园的专项课程，是在通过各级各类专项课题研究推动下而生成的课程。以某市中心幼儿园为例，该园一市级立项课题"幼儿莞草种植与编织课程游戏化的实施研究"，推进的课程实为通过莞草种植与编织的实践，把农业科学与编织艺术融入幼儿课堂教学中，培养幼儿的动手能力和创新思维能力。因此，在该课题研究的推动下，其中的研究成果还囊括了韵律活动"小莞草""莞草情"等，让孩子们在艺术中熏陶，在艺术中大胆表现。

【教学案例10】 专项课程活动"制作稻草人"（大班）

设计意图：本学期幼儿园开展专项课程"莞草真神奇"中要求幼儿向老一辈人学习莞草编织，但由于幼儿之间能力发展存在差异，手工制作水平参差不齐，部分幼儿参与热情也不高，编织情况并不理想，教学效果需要提升。同时，今天生活在城市里的幼儿无法看到真正的稻草人，田野里稻草人也越来越少。为解决这些教学问题，并结合幼儿园的主题课程，老师带领幼儿共同制作稻草人。根据大班幼儿想象力丰富的特点，将韵律游戏"稻草人和小鸟"融入活动中，在愉悦的情绪中感受来自田间的淳朴与快乐，并通过活动引导幼儿了解中华民族农耕文化的特点、了解家乡历史，培养对家乡风土人情的理解与热爱。

一、活动目标

1. 在音乐律动游戏"稻草人和小鸟"中感知稻草人的外形及运用，学会用捆、扎、贴、插等技能装扮和制作稻草人。
2. 能用辅助材料大胆创新，丰富稻草人作品。
3. 体验手工制作稻草人的快乐。

二、活动准备

1. 知识经验准备：玩过音乐律动游戏"稻草人和小鸟"。
2. 物质材料准备：莞草、橡皮筋、超轻黏土、剪刀若干，音乐《稻草人和小鸟》，动画图谱。
3. 环境创设准备：稻草人。

三、活动过程

（一）导入

以音乐律动"稻草人与小鸟"导入，引出活动主题，并借助动画引导幼儿理解稻草人的用途。

引导幼儿在"田野里，稻草人赶小鸟，小鸟逗稻草人"的律动游戏情境中以及动画中感知稻草人在现实生活中的实际运用。

小结：稻草人是由农民制作的，是为守护农田、防止鸟雀糟蹋庄稼而立于田边的人偶，因为用稻草做成，所以我们把它叫作稻草人。

（二）观察与学习

欣赏范例作品，拓展幼儿的思路，借助微视频示范讲解技能要点。

师：小朋友们，农民伯伯写信跟我说，现在秋天到了，田野里面的稻谷全部成熟了，很多鸟雀都过来偷吃庄稼里的稻谷，他希望小朋友能够帮他做一些稻草人，帮助他们赶走这些偷吃稻谷的鸟雀，保护庄稼。你们愿意帮忙吗？

1. 引导幼儿观察稻草人的外形。

师：稻草人本来是用稻草做的，但是今天呢，我们用莞草来做一个莞草人。在做莞草人之前，我们观察一下莞草人，它有几只手？几只脚？

2.借助微视频示范讲解技能要点。

引导幼儿用超轻黏土完成莞草人的头部制作。

（三）动手实践

幼儿在操作的过程中，教师适时指导、引导，帮助能力弱的幼儿进行装扮，鼓励幼儿大胆创作。做完后请小朋友把做好的稻草人放到指定的地方。

（四）欣赏评价作品

制作稻草人

（三）特色课程

随着幼儿园课程改革的深入，幼儿园课程不再是由专家预先规划设定的知识体系的载体，而是由教师通过探索来选择和组织课程内容的结果。幼儿园特色课程的选题主要包括四类：文化类、艺体类、科技类、情感类。幼儿园在选择特色课程主题时通常考虑的是以下几个因素：所处地域环境、幼儿园发展状况以及幼儿的需求。以某市中心幼儿园为例，该园为"融合优秀传统文化的幼儿园德育教育"示范园及"智能机器人创新实验室"，在此两项实验项目的推动下，便有相应的"节气歌"韵律操、机器人舞蹈的衍生。

《3～6岁儿童学习与发展指南》中指出："运用幼儿喜闻乐见和能够理解的方式激发幼儿爱家乡、爱祖国的情感。"韵律活动的实施能有效推动幼儿园思政教育，例如，《小莞草》可以让幼儿了解及传承疍家文化；再如，"二十四节气"的晨会活动，让幼儿通过韵律艺术手段表达节气文化特点；又如，在"雷锋精神代代传"的主题晨会活动中，幼儿通过情景式的韵律活动观赏，提升幼儿对雷锋叔叔的敬佩之情，使幼儿感受到见义勇为的担当精神。

模块小结

苏联教育理论家实践家苏霍姆林斯基说："音乐教育不是培养音乐家，而是培养人。"音乐教育家卡尔·奥尔夫说："在音乐教育过程中，音乐只是手段，培养人才是真正的目的"。《纲要》提出培养"完整儿童"，重视幼儿体、智、德、美全面发展的幼儿教育目标。因此，通过跨学科融合、多领域交融的教学策略，既符合幼儿的身心发展特点、认知特点，更能为幼儿提供一种完整的、原本的教育形态，通过这样原本性的教育，促使幼儿逐渐成长为一个完整、健康、有幸福感和创造力的人。

实践任务

在幼儿园实习实践时，通过观察思考，选取一日幼儿活动中的某一个环节，设计一个适于某年龄班幼儿的活动案例，要求以巧妙融入韵律活动的方式，并在幼儿一日活动中实践。

任务评价

评价主体	评价内容	评 价 效 果
学校教师或幼儿园带班老师评价	观察细致	优（ ） 良（ ） 中（ ） 差（ ）
	理解幼儿	优（ ） 良（ ） 中（ ） 差（ ）
	活动设计合理	优（ ） 良（ ） 中（ ） 差（ ）
	多策略运用恰当	优（ ） 良（ ） 中（ ） 差（ ）
	善于捕捉教育时机	优（ ） 良（ ） 中（ ） 差（ ）
	促进幼儿发展	优（ ） 良（ ） 中（ ） 差（ ）
	态度热情	优（ ） 良（ ） 中（ ） 差（ ）
	工作成效	优（ ） 良（ ） 中（ ） 差（ ）
自我评价	工作态度	优（ ） 良（ ） 中（ ） 差（ ）
	职业意识	优（ ） 良（ ） 中（ ） 差（ ）
	运用合理	优（ ） 良（ ） 中（ ） 差（ ）
	工作成效	优（ ） 良（ ） 中（ ） 差（ ）

模块六
拓展创新与岗位实践

模块导读

本模块以任务拓展、创新运用到具体岗位工作中为主要目标，以任务书、任务单的形式，通过自主探究法、任务驱动法、问题导向式、项目活动式、情景模拟式、实境演练式等教学策略，配合各种课堂学习与幼儿园见习、实习活动，将舞蹈的学习过程自主化，在此过程中拓宽思考维度、拓展专业能力，促使同学们将舞蹈技能灵活、创新地运用到幼儿园实践工作中，实现舞蹈技能与幼儿园纷繁复杂的实践工作零对接。从而为幼儿园培养出真正适应幼儿保教工作，具有较好创新与创造能力的新人才。

学习目标

知识目标：完成各种不同任务，真正理解并掌握保育工作任务与性质，系统掌握舞蹈和幼儿舞蹈创编、表演与教学的基本知识。

能力目标：①学会学习，掌握舞蹈学习的基本方法，掌握信息化环境下新型的学习方法，为学生可持续发展打实基础；②学会合作，学会团队合作、统筹协调、资源整合、优势互补，共同完成任务；③学会思考、学会工作，善于用发散性、开放性的思维思考问题，能灵活、积极地应对实际工作，创造性、高质量地完成各种工作任务，提高岗位工作能效。

素质目标：通过完成任务深度参与学习，培养积极学习的习惯。通过积极主动学习，培育热爱学习、热爱舞蹈、热爱幼儿保育工作的良好职业情感。

内容结构

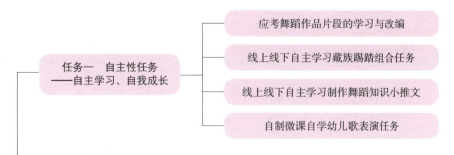

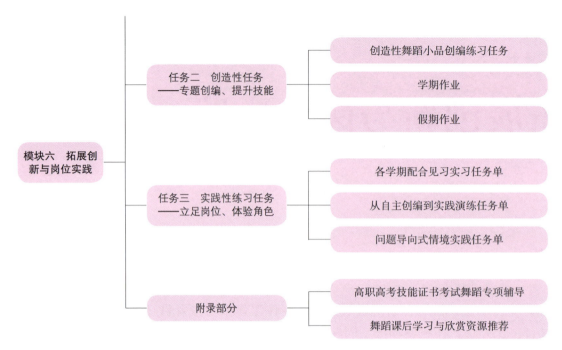

课程思政

通过完成各种任务,理解岗位工作意义,理解幼儿园育人目标,并以优秀的幼儿保教老师为人生榜样,自律自强、自我教育、自我成长、自我实现。

案例导入

小美终于知道了舞蹈韵律活动在幼儿园中的意义,可是要怎样把自己这几年学习的舞蹈技能在幼儿园保育工作中用活用好,怎样可以更加有创造性地去完成更多有意义的工作?于是,在一路以来的学习中,小美不断地接到了老师各种各样的活动任务单,这些任务单有的是侧重自主学习的,有的是侧重创造性学习的,有的是需要在幼儿园工作岗位上去实践锻炼的……

任务一 自主性任务——自主学习、自我成长

 学习任务

通过自主性地完成各种学习任务,例如对高职考证作品的学习、制作微课学习舞蹈组合、制作小推文学习舞蹈基本理论知识等等。

 学习内容

◎ **学习意义**

通过自主性学习，提高学生学习的主动性，加强学生对教学的参与度，加深学习深度，培养自主的学习能力与意识，为其终身学习与发展打下扎实基础。

◎ **主体内容**

自主性学习任务一
应考舞蹈作品片段的学习与改编

根据各省市高职高考专业技能（舞蹈科）考试要求及自身特点和特长，完成一个舞蹈剧目片段的学习与改编（舞种选择：古典舞、民族民间舞、现代舞、当代舞、芭蕾舞、儿童舞，时长约一分半钟）参加考试，准备时间2～3个月。

▶▶ **任务评价**

（本模块所有学习评价仅供参考）

评价主体	评价内容	评 价 效 果	备 注
教师评价	主题突出	优（ ） 良（ ） 中（ ） 差（ ）	
	动作流畅	优（ ） 良（ ） 中（ ） 差（ ）	
	风格准确	优（ ） 良（ ） 中（ ） 差（ ）	
	表现力强	优（ ） 良（ ） 中（ ） 差（ ）	
自我评价	节奏准确	优（ ） 良（ ） 中（ ） 差（ ）	
	动作熟练	优（ ） 良（ ） 中（ ） 差（ ）	
	表现自信	优（ ） 良（ ） 中（ ） 差（ ）	
	接受能力	优（ ） 良（ ） 中（ ） 差（ ）	
考官评价	考试标准	根据考试标准给出相应评分	各省各地考试项目要求各有侧重，所以各位同学应依据各地考试要求认真准备，顺利通过高职高考，升入心仪高校继续学习

自主性学习任务二
线上线下自主学习藏族踢踏组合任务（一）

舞蹈作品：藏族踢踏组合《金色的太阳》

一、本周末线上学习作业

1. 请通过视频网站，认真观摩"冈达"步伐，并跟随模仿学习。
2. 查找即将要学习的藏族踢踏组合里包含的基本舞步是以下哪几个舞步：① 碎踏步；② 嘀嗒步；③ 二三步；④ 抬踏步；⑤ 第一基本步；⑥第二基本步；⑦ 退踏步；⑧ 七步退踏。
3. 请跟随视频学习组合里几个主要舞步。
4. 数一数组合中各舞步节奏和动作变化的节拍，熟记其节奏与速度。

二、线下学习

回校后，各小组交流学习心得，重点加强练习主要舞步。

线上线下自主学习藏族踢踏组合任务（二）

一、周末线上线下学习任务

1. 周末要求各小组完成藏族踢踏组合微课的制作，统筹分工，要求小组各成员都要参与线上查找、收集、选择、整合、处理资源，共同完成微课任务。
2. 微课内容：

第一部分，要求图文并茂，并具有藏族风格特点。包括第1页：微课主题、小组名称、组长和组员名；第2页：微课目录；第3页：简介藏族地理、历史、宗教、文化、风俗；第4页：藏族舞蹈的分类与风格特点。

第二部分，不限定页面，要求"文字＋配音＋视频"。包括藏族踢踏舞的体态与动律特点，重点介绍踢踏基础动律与步伐——"颤膝""冈达"及"碎踏"的动作特点与技术要领。

第三部分，不限定页面，要求"文字＋配音＋视频"。包括本组合主要步伐动作要领和技术分析——"嘀嗒步""第一基本步""退踏步""第二基本步"。

二、线下学习：回校后，各小组交流学习心得，重点练习组合动作！

任务评价

评价主体	学习方式	评价内容	评 价 效 果
教师评价	线上学习 制作微课	结构完整	优（　）良（　）中（　）差（　）
		知识正确	优（　）良（　）中（　）差（　）
		画面美观	优（　）良（　）中（　）差（　）
		态度积极	优（　）良（　）中（　）差（　）

续表

评价主体	学习方式	评价内容	评价效果
教师评价	线下学习组合表演	动作熟练	优（　）良（　）中（　）差（　）
		风格准确	优（　）良（　）中（　）差（　）
		表现力强	优（　）良（　）中（　）差（　）
组长评价	线上学习制作微课	服从大局	优（　）良（　）中（　）差（　）
		认真完成	优（　）良（　）中（　）差（　）
	线下学习小组练习	团结协作	优（　）良（　）中（　）差（　）
		认真学习	优（　）良（　）中（　）差（　）
自我评价	线上学习制作微课	服从分配	优（　）良（　）中（　）差（　）
		自觉完成	优（　）良（　）中（　）差（　）
	线下学习	动作熟练	优（　）良（　）中（　）差（　）
		节奏准确	优（　）良（　）中（　）差（　）

自主性学习任务三
线上线下自主学习——制作舞蹈知识小推文

任务要求：

全班同学每8～12人为一组，每组制作一个舞蹈小推文。

1. 通过查找舞蹈教材、舞蹈杂志、相关书籍及互联网资料，完成以下项目。
2. 内容为以下三选一。
3. 主题自拟，如"我眼中的中国古典舞""五彩缤纷的民族民间舞""这就是绝对不一样——酷、炫随我的流行舞"等。

一、中国古典舞

1. 中国古典舞的起源是什么？
2. 中国古典舞风格与技术特点？
3. 列举中国古典舞经典剧目，如舞剧、小作品等，推荐两个最喜欢的经典剧目（附带约2～4分钟的剧目视频）。
4. 推荐最喜欢的中国古典舞演员（附照片），包括他（她）的代表作、成长经历、高光时刻等。
5. 谈谈自己喜欢中国古典舞吗？为什么？
6. 小组同学利用软件或APP（如萌拍）拍几组古典舞装扮做舞蹈动作的造型，要求动作自创，但务必符合中国古典舞风格。
7. 互动环节，出3～5道和中国古典舞相关的小问题，可以是填空题、选择题或者简答题，请观看页面的朋友回答。
8. 请看完推文后喜欢的朋友点赞，集人气。

二、中国民族民间舞蹈

1. 中国民族民间舞蹈起源于哪些方面？

2. 中国民族民间舞蹈有哪些特点？请举例说明这些特点与他们民族的哪些因素有密切关系？

3. 我们学习过哪些中国民族民间舞蹈组合，分别举例说明这些民族民间舞蹈的风格特点，以及形成这个风格特点的原因？（可以选择2～3个民族民间舞蹈对比说明，也可以从体态或者动律上去说明所有学过的民族民间舞蹈组合）

4. 列举中国古典舞经典剧目，如舞剧、小作品等，推荐两个最喜欢的经典剧目（附带约2～4分钟的剧目视频）。

5. 介绍两个最喜欢的中国民族民间舞蹈演员（附照片），包括他（她）的代表作、成长经历、高光时刻等。

6. 小组同学利用软件或APP（如萌拍）拍几组穿民族服饰做舞蹈动作的造型，要求动作自创，但需符合该民族舞蹈风格。

7. 互动环节，出3～5道和民族民间舞蹈相关的小问题，可以是填空题、选择题或者简答题，请观看页面的朋友回答。

8. 请看完推文后喜欢的朋友点赞，集人气。

三、流行舞（爵士、街舞、韩舞等）

1. 流行舞的起源是什么？

2. 讲述流行舞的风格和技术特点，以及它的主要分类。

3. 你比较喜欢哪一种风格，这种风格的主要动态语言（典型动作）是怎样的？

4. 流行舞在世界上有哪些有名的比赛项目？有哪些有名的舞团、舞队？他们有哪些最有名气的成品舞蹈？给大家推荐两个你最喜欢的成品舞蹈（附带2～4分钟演出视频）。

5. 介绍两个最喜欢的流行舞者（附带照片），包括他（她）的代表作，成长经历，高光时刻等。

6. 小组同学利用软件或APP（如萌拍）拍几组流行舞装扮做舞蹈动作的造型，动作选择需符合流行舞蹈风格。

7. 互动环节，出3～5道和流行舞相关的小问题，可以是填空题、选择题或者简答题，请观看页面的朋友回答。

8. 请看完推文后喜欢的朋友点赞，集人气。

推荐参考书籍、资源及网站

1. 幼师类舞蹈教材
2. 《舞蹈杂志》
3. 《舞蹈研究》杂志
4. "中国舞蹈网"公众号
5. "舞蹈中国"公众号
6. "舞蹈大咖"公众号
7. "百度"文库
8. "知乎"网站等
9. 各流媒体中知名舞蹈博主

任务评价

评价主体	评价内容		评价效果	备注
教师评价	线上学习制作小推文	结构完整	优（ ） 良（ ） 中（ ） 差（ ）	
		知识正确	优（ ） 良（ ） 中（ ） 差（ ）	
		画面美观	优（ ） 良（ ） 中（ ） 差（ ）	
		态度积极	优（ ） 良（ ） 中（ ） 差（ ）	
	线下学习造型摆拍	风格准确	优（ ） 良（ ） 中（ ） 差（ ）	
		表现力强	优（ ） 良（ ） 中（ ） 差（ ）	
组长评价	线上学习制作小推文	服从大局	优（ ） 良（ ） 中（ ） 差（ ）	
		认真完成	优（ ） 良（ ） 中（ ） 差（ ）	
	线下练习	团结协作	优（ ） 良（ ） 中（ ） 差（ ）	
自我评价	线上学习制作小推文	服从分配	优（ ） 良（ ） 中（ ） 差（ ）	
		自觉完成	优（ ） 良（ ） 中（ ） 差（ ）	
	线下学习	表现力强	优（ ） 良（ ） 中（ ） 差（ ）	
网友评价	线上观看小推文	有吸引力	网络点赞	根据网络点赞数，评出最具人气奖和可可网红奖
		有趣味性		
		有知识性		

自主性学习任务四
自制微课、自学幼儿歌表演

一、分组要求

1. 各班同学以自愿的方式组建4～5人，完成自学任务。

2. 每小组自选组长一名，负责统筹安排。组长根据小组同学各自的特点分配任务，最后根据工作态度及完成情况打分，计入学期平时成绩。

二、制作任务

每组同学共同完成一个微课制作任务，通过微课学习幼儿歌表演的基本知识。

1. 主要学习内容

（1）定义：什么叫幼儿歌表演。

（2）分析幼儿歌表演与表演唱的相似和相异之处。

（3）幼儿歌表演的意义与功能。

（4）找一个比较有代表性的幼儿歌表演（时间不超2分钟）。

（5）分析这个歌表演的特点及蕴含的教育教学意义。

（6）简单分析这个歌表演适应的年龄段或者性别。

（7）尝试提出一些创编歌表演的建议（内容深浅自行把握）。

（8）此外，写一份学习情况小结，拍摄2张学习纪实照片。

2. 统一规范要求

（1）第1页：片头画面，课题，班组，组长，指导老师等。
（2）第2页：各组员名字，组员分工与任务。
（3）第3页：目录概要。
（4）倒数1～2页：小结本微课内容，简单提出歌表演的创编建议。
（5）总时长：5～8分钟。

三、制作要求

1. 结构内容：完整、无缺漏。
2. 知识定义：严谨、正确。
3. 整体风格：图文并茂、富有童真童趣。
4. 版面画面：构图简洁、色彩明快、图像清晰。
5. 配音讲解：音质清晰、语速适中、富有情感。
6. 背景音乐：清新愉快、音量适度、体现幼儿特色。

》 任务评价

评价主体	评价内容	评 价 效 果
教师评价	结构完整	优（ ） 良（ ） 中（ ） 差（ ）
	知识正确	优（ ） 良（ ） 中（ ） 差（ ）
	画面美观	优（ ） 良（ ） 中（ ） 差（ ）
	态度积极	优（ ） 良（ ） 中（ ） 差（ ）
组长评价	服从大局	优（ ） 良（ ） 中（ ） 差（ ）
	认真完成	优（ ） 良（ ） 中（ ） 差（ ）
	团结协作	优（ ） 良（ ） 中（ ） 差（ ）
自我评价	服从分配	优（ ） 良（ ） 中（ ） 差（ ）
	自觉完成	优（ ） 良（ ） 中（ ） 差（ ）

任务二　创造性任务——专题创编、提升技能

◎ **学习任务**

通过学习创造性地完成各种学习任务，例如完成不同主题的创编任务，根据课堂学习内容完成相对应的不同类型舞蹈作品的学习、改编与创造任务等。

◎ **学习意义**

通过创造性学习，增强学生的创造性思维意识，提高学生的创造性思维品质与工作执行能力，为培养创造型、创新型人才打下基础。

学习内容

创造性学习任务一
创造性舞蹈小品创编练习任务

一、以下12个主题每组任选一个进行舞蹈小品创编练习

1. 珍稀动物园
2. 快乐水族馆
3. 小小特工队
4. 巴布工程师
5. 激烈运动场
6. 开心下午茶
7. 味美小厨师
8. 十字路口
9. 浪漫假日
10. 冰雪奇缘
11. 魔幻世界
12. 智能时代

二、任务要求

1. 根据主题确定角色、情节、情境。
2. 自选音乐。
3. 时长：2分钟左右
4. 设计角色形象，创编角色动作与情景配合。
5. 形象需典型、生动。
6. 将生活化的动作进行美化、节奏化生活原生动作
7. 自行构思符合主题的情节与情景、情境，并舞蹈化地表现出来。

三、人员分配

自愿组建4～6人的小组，自行完成任务。

四、情景舞蹈与情景哑剧的区别

1. 舞蹈必须将生活动作进行美化、节奏化、舞蹈化。
2. 舞蹈长于抒情，而拙于叙事（不要长时间用动作简单地模拟生活情节）。
3. 舞段创编规律：形象——动机——动律——单一动作——组合动作——舞句——舞段。

任务评价

评价主体	评价内容	评价效果
教师评价	主题突出	优（　）良（　）中（　）差（　）
	形象鲜明	优（　）良（　）中（　）差（　）

续　表

评价主体	评价内容	评价效果
教师评价	结构完整	优（　）良（　）中（　）差（　）
教师评价	表现力强	优（　）良（　）中（　）差（　）
组长评价	服从大局	优（　）良（　）中（　）差（　）
组长评价	团结协作	优（　）良（　）中（　）差（　）
组长评价	出谋划策	优（　）良（　）中（　）差（　）
自我评价	积极配合	优（　）良（　）中（　）差（　）
自我评价	积极创编	优（　）良（　）中（　）差（　）

创造性学习任务二

学习导入

　　成品舞蹈剧目的学习排练是专业舞蹈学校的一门必修课程，它可以有效整合基础教学知识内容，提升学生的舞蹈综合能力和舞台表演的综合实践能力。但是，幼儿保育专业的舞蹈课堂没有更多时间来完成这个教学内容。因此，学生要充分利用课余时间自学自编舞蹈，进行成品舞蹈作品编排。

　　根据学生普遍学习情况，在校学习和假期休息的不同状态，以及课程内容学习情况，具体分为"学期作业"和"假期作业"两种。分别根据任务要求完成群舞、单双三及中国考级优秀组合的学习与改编的自主学习。通过学习和改编剧目等创造性学习任务，掌握舞蹈表演综合知识的同时，积极促进学生创造性思维与能力的发展，并有效提高学生合作能力、协调能力、组织与策划能力的形成与发展。

自主创造性学习任务二——学期作业

学期作业：学习、改编、创编群舞舞蹈作品、舞蹈剧目、考级组合练习。

时间	内容	关键词	要求
一年级上学期	选择一个中国舞考级舞蹈，将其改编成一个小舞蹈	考级组合	把某个中国舞考级组合，经过合理的延长、改编成一个有一定主题的小舞蹈（自选，时长2～3分钟）
一年级下学期	学习改编一个晚会情绪舞蹈	情绪舞蹈	学习改编一个观赏性强，且内容积极、健康、向上的情绪型舞蹈进行比赛表演（自选，时长约4分钟）
二年级上学期	学习改编一个古典舞、现当代舞蹈作品	古典舞、现当代舞	学习改编一个内容健康向上的古典舞或者现当代舞蹈剧目进行比赛表演（自选，时长4～5分钟）
二年级下学期	学习改编民族民间舞蹈作品	民族民间舞	学习改编一个内容健康向上的民族民间舞蹈剧目进行比赛表演（自选，时长4～5分钟）

续表

时间	内容	关键词	要求
三年级上学期	创编一个以幼儿身心健康为主题的舞蹈作品	幼儿舞蹈	创编以"我是运动小健将""我是自理小高手""我们都是好朋友"等为主题的幼儿群舞作品（音乐主题自选，4～5分钟）
三年级下学期	为幼儿园或社区活动创编一个艺术活动作品	幼儿艺术活动	利用在幼儿园顶岗实习的机会，为幼儿园的"六一"活动、大班毕业活动、"母亲节"活动或社区"七一"活动等创编一个有明确主题的舞蹈或与舞蹈相关的师生艺术节目进行教学、排练和表演，实现创编能力与幼儿园实践教学相结合

备注：1. 各班以小组为单位完成学习任务，每组人数14～18人；
2. 各组一般设置两位小组长，负责舞蹈剧目选择、组织排练、比赛以及与教师和各相关人员沟通联系的工作；
3. 各组人员组成尽可能异质同构，每组由舞蹈基础优、中、弱三种同学均等组成，协调并充分发挥小组全体成员各自的力量共同合作完成学习任务；
4. 学习至比赛演出时间一般为4～8周。

任务评价

评价主体	评价内容	评价效果	备注
教师评价	主题突出	依据四个要求，设计各种比赛，评选出一、二、三等奖项。一等奖约占20%，二等奖约占30%，三等奖约占30%	个人评分由两部分组成：① 获奖名次为基数分，一等奖基数分为85，二等奖75，三等奖65；② 组长依据四个参考项，再根据个人在学习过程中的具体表现，分别给予"加"或"减"10分的个评分，最后形成个人总分
教师评价	形象鲜明		
教师评价	风格正确		
教师评价	舞台表现		
组长评价	服从大局	优（ ）良（ ）中（ ）差（ ）	
组长评价	团结协作	优（ ）良（ ）中（ ）差（ ）	
组长评价	认真完成	优（ ）良（ ）中（ ）差（ ）	
组长评价	特别贡献	优（ ）良（ ）中（ ）差（ ）	
自我评价	积极配合	优（ ）良（ ）中（ ）差（ ）	
自我评价	学习认真	优（ ）良（ ）中（ ）差（ ）	

创造性学习任务三
自主创造性学习任务3——假期作业

假期作业：自编、自学、创编小作品练习

时间	内容	要求
一年级寒假	中国舞考级内容	独立学习中国舞4～7级组合（指定+自选）
一年级暑假	独舞作品片段	学习现当代、芭蕾、古典舞蹈作品（自选）
二年级寒假（分层学习）	A组，双、三人舞蹈作品片段	A组：双、三作品，舞种不限（自选）

续 表

时间	内容	要求
二年级寒假（分层学习）	B、C组，中国民族民间舞蹈考级内容	B组：独立学习6～8级组合（指定组合）
		C组：独立学习3～5级组合（指定组合）
二年级暑假（分层创编）	A、B组同学每人创编一个小舞蹈	创编以"健康生活"为主题的独舞幼儿小舞蹈（2～2.5分钟）
	C组同学每人创编一个律动或者歌表演	创编以"健康生活"为主题的独舞幼儿律动或者幼儿歌表演（1～2分钟）

备注：1. A组拟为学期成绩81分以上的同学，B组为75～80分的同学，C组为74分以下的同学；
2. 假期作业，要求每位同学独立完成，回校第一周检查审核，不合格者需重新按要求在第一周周末完成，以确保任务的有效执行与完成质量；
3. 建议各班任务完成的优秀者于开学第一个月内进行年级展示，促进优等生进一步提高。

任务评价

评价主体	评价内容	评价效果
教师评价	主题突出	优（ ） 良（ ） 中（ ） 差（ ）
	形象鲜明	优（ ） 良（ ） 中（ ） 差（ ）
	风格正确	优（ ） 良（ ） 中（ ） 差（ ）
	表现力强	优（ ） 良（ ） 中（ ） 差（ ）
自我评价	学习认真	优（ ） 良（ ） 中（ ） 差（ ）
	完成效果	优（ ） 良（ ） 中（ ） 差（ ）

任务三　实践性任务——立足岗位、体验角色

◎ **学习任务**

通过学习实践完成各种与幼儿保育相关工作任务，例如根据各学期的见习、实习完成各种不同层级的实践任务，解决幼儿园实际保育、教育中出现的具体问题。

◎ **学习意义**

通过实践性学习，培养幼儿保育岗位意识，将舞蹈学科技能转化为保育工作技能，为精准培养幼儿保育人才做好关键性的转换，对保育专业能力的培养具有核心意义。

学习内容

实践性练习任务一
各学期配合见习、实习任务单

根据职业教育特点和职业教育法要求，每学期各校都会安排一定时间赴幼儿园见习、实习，请同学们根据每学期不同学习情况，逐一完成舞蹈学科以下不同学习任务要求。

1. 第一学期任务：**看**——观摩幼儿园一日活动，看看幼儿园一日活动是如何安排，有哪些是和肢体运动及舞蹈韵律活动有关的。

2. 第二学期任务：**记**——用心观察、用笔记录，舞蹈在你所见习的幼儿园整体活动中有些怎样的表现与作用？在这些活动中，老师是怎样开展工作的？小朋友们在这些活动中有什么表现？看看小朋友们日常有哪些动作是比较常见、有特点或者孩子比较喜欢的？为以后创编幼儿舞蹈韵律活动打下一定经验基础。可自己观察记录，也可和带班老师交流相关问题，并做简明扼要的记录。

3. 第三学期任务：**学**——学习带班老师如何组织与舞蹈或韵律活动相关的教育教学活动，学习带班老师创编韵律活动或舞蹈小作品的方法与过程，学习一个与舞蹈或韵律活动相关的内容带回学校进行课堂展示交流，例如韵律化早操、晨间活动、音乐课歌表演或表演唱、语言课的童谣表演等内容。

4. 第四学期任务：**帮**——协助带班老师或幼儿园，完成各种与舞蹈或韵律活动相关的编排与教学组织等工作，学习激发幼儿的参与热情，用和幼儿共同完成任务的方法协助老师工作，提高工作意识与能力，并由相应老师写出对你协助工作的评语。

5. 第五学期任务：**练**——尝试将自己在学校创编的表演性小舞蹈或者自娱性韵律活动，根据本班幼儿的特点进行修改完善，再教给本班小朋友，并启发幼儿一起创造新的动作丰富舞蹈或韵律活动内容，通过实践提高自己舞蹈创编教学的综合技能。尝试发现机会、创造机会在幼儿园完成其他实践性练习任务，并学会反思，提高自己的综合能力。

6. 第六学期任务：**做**——在顶岗实习中，将自己在校学习的所有能力灵活运用在幼儿园的各项活动中，尤其认真完成以下任务。① 创编一个适合本班的小作品给班级小朋友在合适的场合表演；② 组织一节较为完整的音乐韵律活动课；③ 在日常教育活动中，能随时运用舞蹈技能帮助和提升自己的工作成效，达到全面育人的作用。

实践性练习任务二
从自主创编到实践演练任务单

请将创造性学习任务1中，自己小组创编的舞蹈小品运用到幼儿园相关联的教育活动中去，可以是日常活动及五大领域教育活动，也可以是某些特定的主题活动。请写出你的设想与建议，并在下学期（三年级下学期）的顶岗实习中实践它，最后录制成小视频，作为毕业考试内容之一。

实践性练习作业三
问题导向式情境实践任务单

请在以下教学问题情境中选择一个进行思考，并将设想进行文字性阐述，同时尝试在实习、见习中遇到类似的问题时实践一下其可行性，再对方案进行反思、调整和优化。

当你遇到以下幼儿教育问题的时候，是否可以运用舞蹈的方法，如集体舞、舞蹈小游戏、韵律化的角色扮演等等去巧妙地进行干预，将教育化于无形？

1. 今天是幼儿园开学的日子，小班小朋友第一次离开爸爸妈妈，来到幼儿园这个陌生环境，不少小朋友都有分离焦虑和社交无措感，你是小班保教老师，可以采用什么方法去帮助幼儿克服这些心理不适应症，尽快适应环境，融入幼儿园活动中？

2. 中二班的凯凯和敏敏是一对好朋友，某天因争抢玩具引发矛盾，你是保教老师，将怎样想办法让他们快速解除敌对情绪，重新成为好朋友？

3. 今天是"119"消防日，幼儿来到消防中队观摩英雄的消防员叔叔模拟救火场面，孩子们都很兴奋，你能不能创编一段情境律动，让他们形象地记住遇到危险如何自救？并请小朋友回去表演给爸爸妈妈看，教会家里人遇到危险也学会自救。

4. 幼儿园开放日，孩子们的爸爸妈妈将被邀请来幼儿园，为了让每个幼儿都感受到父母的关爱、叔叔阿姨的友善，让幼儿和父母感觉到幼儿园是一个温馨的大家庭，你会有什么比较好的方法去完成这样的情感体验与互动？

任务评价

（本任务评价通用于本小节三个任务）

评价主体	评价内容	评价效果
教师评价	服从分配	优（ ） 良（ ） 中（ ） 差（ ）
	团结协作	优（ ） 良（ ） 中（ ） 差（ ）
	认真完成	优（ ） 良（ ） 中（ ） 差（ ）
	见实习效果	优（ ） 良（ ） 中（ ） 差（ ）
幼儿园带班老师评价	服从分配	优（ ） 良（ ） 中（ ） 差（ ）
	团结协作	优（ ） 良（ ） 中（ ） 差（ ）
	认真完成	优（ ） 良（ ） 中（ ） 差（ ）
	工作成效	优（ ） 良（ ） 中（ ） 差（ ）
自我评价	服从分配	优（ ） 良（ ） 中（ ） 差（ ）
	团结协作	优（ ） 良（ ） 中（ ） 差（ ）
	认真完成	优（ ） 良（ ） 中（ ） 差（ ）
	工作成效	优（ ） 良（ ） 中（ ） 差（ ）

附录一　高职高考技能证书考试舞蹈专项辅导（以广东省为例）

考试辅导

附录二　舞蹈课后学习与欣赏资源推荐

一、优秀欣赏剧目推荐

（一）群舞推荐

1. 当代舞：《云上的日子》《中国妈妈》《追忆1911》《最美的遇见》《悦读生活》《活着1937》《键上奏鸣》《沁园春》《走、跑、跳》《天黑请闭眼》《毕业歌》《保卫黄河》《阳光下的我们》《梅》《进城》《我等你》《红扇》《如火的青春》《我们的歌》《盛开》《绽放》《半个世纪的等待》《红船》。

2. 古典舞：《千手观音》《踏歌》《唐宫夜宴》《桃夭》《小城雨巷》《黄河黄河》《红旗颂》《壮士》《俏花旦》。

3. 民族民间舞：《雨打芭蕉》《情深谊长》《夏日里的滴滴调》《春天话语》《天浴》《喜鹊喳喳喳》《青青竹儿》《船歌》《一抹红》《花溪 花溪》《水姑娘》《黎乡笠影》《茶飘香》《跳弦》《花儿.花儿》《铃呦灵》《风起苗舞》《阿色俩目》《呼唤绿荫》《走在山水间》《踩茶》《客家喜》《奔腾》《碧波孔雀》《阿婆的幸福生活》《向天歌》《酥油飘香》《哈达献给解放军》《一个扭秧歌的人》《阿里郎》。

4. 儿童舞：《妈妈我来帮帮你》《七彩画笔》《兔气扬眉》《猫鼠之宴》《牙牙与泡泡》《宝宝会走了》《我可喜欢你》《小蚂蚁》《大书包》《bia ji bia》《下雪了，真滑》《我有一双小小手》《鼠你快乐》《我也想当冠军》《山沟沟的太阳挤着晒》《我们都是好朋友》《a.a.a.a》《篮球宝贝》《姥姥门前唱大戏》。

（二）单、双、三舞蹈推荐

1. 当代舞：《同行》《出走》《风》《轻·青》。
2. 古典舞：《爱莲说》《春闺梦》《点绛唇》《姜姜长亭》《望穿秋水》《灵狐》《秦俑魂》《乡愁无边》《旦角》《蝶儿》。
3. 民族民间舞：《雀之灵》《雨竹林》《灵》《花儿为什么这样红》《出走》《嬉水》。
4. 儿童舞：《笛中花》《报童晨曦》《我和月亮说句悄悄话》《小扁担三尺三》《小当家》《小茶

佾》《中国芭比》。

二、优秀舞剧、舞蹈诗推荐

1. 古典舞：《沙湾往事》《大梦敦煌》《李白》《杜甫》《孔子》《昭君出塞》《人生若只如初见》《粉墨春秋》《只此青绿》。
2. 民族民间舞：《天路》《俺从黄河来》《献给俺爹娘》《一把酸枣》。
3. 当代舞：《永不消逝的电波》《风雨红棉》《记忆深处》《闪闪的红星》。
4. 芭蕾舞：《天鹅湖》《睡美人》《吉赛尔》《仙女》。
5. 音乐舞蹈史诗：《东方红》《中国革命之歌》《走向复兴》《伟大征程》《大美中国》《云南印象》。

三、优秀舞蹈比赛推荐

1. 桃李杯舞蹈比赛
2. 荷花奖舞蹈大赛
3. 群星奖舞蹈大赛
4. 孔雀杯少数民族舞蹈大赛
5. 小荷风采少儿舞蹈大赛
6. 中央电视台：历届青年舞蹈大赛
7. 湖南卫视：舞蹈风暴
8. 东方卫视：舞林争霸
9. 浙江卫视：中国好舞蹈
10. 深圳卫视：起舞吧、齐舞
11. 这就是街舞

四、优秀舞蹈网站、公众号、流媒体等推荐

1. 中舞网
2. 舞蹈中国
3. 中国舞蹈家协会官网
4. 各专业舞蹈团体网站
5. 各专业艺术院校网站
6. 知润幼教资源
7. 幼儿园舞蹈合集
8. 天使舞蹈库
9. 梦会长舞蹈研究所
10. 各知名舞蹈艺术家公众号

>> 模块小结

本模块以生成性课程观为指向，激发学生形成自主性学习、创造性学习和实践性学习意识。三个任务模块各有多种不同形式、不同方向、不同要求、不同意义的任务，引导学生在探索中获

得真知，在自主合作探究中感悟学科魅力与价值。促使学生通过具体实践在"做中学"，在"做"中将各种学科技能整合为实际工作的能力，切实提升岗位能力。故，如何依托前面5个模块的学习内容，并根据学生学情、办学现状及见习、实习情况，以及各地文化教育发展状况，将这些学习任务与课堂教学有机衔接，将这些方法用好用活。设计有引领性和参与感的课程，让学生全面把握知识的内在联系，从而学会知识的迁移和创造、延伸和思考，培养真正具有评判能力和价值判断的学生，最终培育出一个具有终身学习能力和发展潜力的人，这是每一位老师、每所学校，甚至每一名学生都需要认真思考、反复实践的。

同时，这些方法也是开放式的，本模块仅仅提供一种思考与探索的路径，一种可参照或借鉴的模板，每一位老师都可以以此为思考的起点，以这些方法为基本支点，将学前保育专业的舞蹈教学做活、做实、做出特色、做出品质，使得我们舞蹈教学跳出独立学科狭隘的固有形态，真正成为培养学前保育专业人才的重要科目，是时代赋予我们每一位保育专业舞蹈教师的使命与担当。

参考文献

[1] 吕艺生.舞蹈教育学[M].上海：上海音乐出版社，2000.

[2] 严道康.舞蹈实用教程[M].南京：南京师范大学出版社，2011.

[3] 潘春，隋惠娟，王晓玲.幼师舞蹈[M].长春：吉林大学出版社，2016.

[4] 罗娟，汤少武.幼儿音乐活动指导[M].北京：北京师范大学出版社，2013.

[5] 王印英，张雯.幼儿舞蹈创编与赏析[M].上海：上海音乐学院出版社，2012.

[6] 刘薇珊，罗海冰，崔清.幼儿舞蹈游戏化活动设计与指导[M].长沙：湖南师范大学出版社，2020.

[7] 韩莉娟，任红军，张洁.学前儿童舞蹈创编项目教程[M].北京：北京理工大学出版社，2018.

图书在版编目(CIP)数据

舞蹈基础与应用/潘春,柳杨主编. —上海：复旦大学出版社,2022.8
ISBN 978-7-309-16187-8

Ⅰ.①舞… Ⅱ.①潘…②柳… Ⅲ.①学前教育-儿童舞蹈-职业教育-教材 Ⅳ.①G613.5

中国版本图书馆 CIP 数据核字(2022)第 093639 号

舞蹈基础与应用
潘　春　柳　杨　主编
责任编辑/高丽那

复旦大学出版社有限公司出版发行
上海市国权路 579 号　邮编：200433
网址：fupnet@fudanpress.com　http://www.fudanpress.com
门市零售：86-21-65102580　　　团体订购：86-21-65104505
出版部电话：86-21-65642845
上海丽佳制版印刷有限公司

开本 890×1240　1/16　印张 11.25　字数 318 千
2022 年 8 月第 1 版
2022 年 8 月第 1 版第 1 次印刷

ISBN 978-7-309-16187-8/G·2359
定价：48.00 元

如有印装质量问题,请向复旦大学出版社有限公司出版部调换。
版权所有　　侵权必究